从零开始做快手电商

引流涨粉+直播带货+橱窗小店+广告盈利

叶飞　编著

清华大学出版社
北京

内 容 简 介

快手账号如何引流涨粉？如何直播带货？如何运营橱窗小店？如何利用广告盈利？

本书包括12章专题内容，从快手运营、内部引流、外部引流、私域流量、带货话术、直播推广、直播营销、带货技巧、基本操作、小店变现、广告投放、广告优化等角度，帮助大家从电商小白快速成长为快手电商运营大佬。本书介绍了170多个干货技巧，全面分析和解读引流增粉、直播带货、橱窗小店和广告盈利等实用技巧，并结合案例和实际操作方法，让大家轻松玩转快手电商，在"大V"路上越走越远！

本书可以帮助快手电商运营者快速提升自身变现能力，也可以帮助对快手运营感兴趣的人群全面了解快手运营及变现技巧，还可以为抖音、B站、微信视频号和西瓜视频的运营者提供账号运营及变现思路。

本书封面贴有清华大学出版社防伪标签，无标签者不得销售。
版权所有，侵权必究。举报：010-62782989，beiqinquan@tup.tsinghua.edu.cn。

图书在版编目(CIP)数据

从零开始做快手电商：引流涨粉+直播带货+橱窗小店+广告盈利 / 叶飞编著. —北京：清华大学出版社，2021.10
ISBN 978-7-302-59359-1

Ⅰ. ①从… Ⅱ. ①叶… Ⅲ. ①网络营销 Ⅳ. ①F713.365.2

中国版本图书馆CIP数据核字(2021)第210641号

责任编辑：张　瑜
封面设计：杨玉兰
责任校对：李玉茹
责任印制：宋　林

出版发行：清华大学出版社
网　　址：http://www.tup.com.cn, http://www.wqbook.com
地　　址：北京清华大学学研大厦A座　　邮　编：100084
社 总 机：010-62770175　　邮　购：010-62786544
投稿与读者服务：010-62776969, c-service@tup.tsinghua.edu.cn
质量反馈：010-62772015, zhiliang@tup.tsinghua.edu.cn

印 装 者：北京博海升彩色印刷有限公司
经　　销：全国新华书店
开　　本：170mm×240mm　　印　张：16　　字　数：302千字
版　　次：2021年12月第1版　　印　次：2021年12月第1次印刷
定　　价：68.00元

产品编号：046691-01

前言

我国的短视频自媒体兴起于2014年,那时的短视频自媒体还处于缓慢增长的状态。随着2015年的孵化,短视频自媒体从2016年开始呈现井喷趋势。经过近几年的巩固和发展,我国短视频平台格局已经形成,抖音成为短视频领域的领头羊,而快手也不甘人后,一直在想办法奋起直追。

2019年10月,5G基站入网正式获得工信部的开闸批准,至此,短视频平台迎来又一拨激增趋势。其中快手平台以亲民的姿态,成为一个新的投资风口。只要你有好的内容、有毅力,就可以在短视频领域实现自己的价值。

短视频运营的两大核心即引流和变现,这两者有一个辩证关系,引流是变现的基础,试想如果没有流量,如何将快手小店的商品贩卖出去?如何通过服务获得佣金?同时,变现是引流的目的,一切引流都不是为了好玩,而是为变现做铺垫。

经过深思熟虑之后,笔者决定将自己多年的经验总结成一本书,为那些想要从事短视频运营的朋友提供一些参考意见。本书通过12章内容、170多个干货技巧,对快手电商运营的引流增粉、直播带货、橱窗小店和广告盈利这4个方面的关键内容进行了全面解读。大家只需要了解书中的知识,便可以快速地提高电商运营能力,获得不菲的收入。

此外,本书有大量的快手案例,每讲到一个知识点,都有具体的操作步骤。虽说涉足快手平台不是改变生活与命运的唯一选择,但是成功地运营快手短视频是一个能够改变无数人生活与命运的梦想,所以在实现梦想的征途中,运营者要脚踏实地地学习相关知识。

需要特别提醒的是,在编写本书时,笔者都是基于当前各平台和软件的实际操作进行截图,但本书从编写到出版需要一段时间,在这段时间里,软件界面与功能会有所调整与变化,比如有的内容删除了,有的内容增加了,这是软件开发商做的更新,请在阅读时根据书中的思路,举一反三,进行学习。

本书由叶飞编著,参与编写的人员还有严遥等人,在此表示感谢。由于作者知识水平有限,书中难免有错误和疏漏之处,恳请广大读者批评、指正。

编　者

目录

第1章 快手运营：迎接充满商机的新时代 …… 1

- 1.1 快手的基本知识 …… 2
  - 1.1.1 快手历史 …… 2
  - 1.1.2 快手定位 …… 2
  - 1.1.3 平台特色 …… 3
- 1.2 快手号定位的方法 …… 4
  - 1.2.1 专长定位 …… 4
  - 1.2.2 内容定位 …… 5
  - 1.2.3 需求定位 …… 6
  - 1.2.4 品牌定位 …… 8
- 1.3 了解快手设置 …… 8
  - 1.3.1 头像和昵称 …… 8
  - 1.3.2 填写资料 …… 10
- 1.4 快手营销手段 …… 10
  - 1.4.1 了解算法 …… 10
  - 1.4.2 熟悉功能 …… 12
  - 1.4.3 精准推送 …… 12
  - 1.4.4 把握时间 …… 13
  - 1.4.5 遵守条例 …… 14
  - 1.4.6 历年数据 …… 14
  - 1.4.7 加强互动 …… 17
  - 1.4.8 质量至上 …… 18

第2章 内部引流：利用快手自身生态吸粉 …… 19

- 2.1 视频作品引流 …… 20
  - 2.1.1 通过原创短视频引流 …… 20
  - 2.1.2 通过短视频封面引流 …… 21
  - 2.1.3 通过"作品推广"引流 …… 21
- 2.2 话题标签引流 …… 23
  - 2.2.1 从热门内容中挑话题 …… 23
  - 2.2.2 在短视频中添加话题 …… 24
  - 2.2.3 积极参与快手挑战赛 …… 25
- 2.3 矩阵、互推引流 …… 25
  - 2.3.1 矩阵引流 …… 25
  - 2.3.2 互推引流 …… 26
- 2.4 快手直播引流 …… 26
  - 2.4.1 真实场景＋字幕说明 …… 27
  - 2.4.2 图片＋字幕（配音） …… 27
  - 2.4.3 图片演示＋音频直播 …… 27
  - 2.4.4 虚拟场景＋主播语音 …… 27
- 2.5 其他引流手段 …… 28
  - 2.5.1 基本引流方法 …… 28
  - 2.5.2 同款引流 …… 31
  - 2.5.3 内容引流 …… 31
  - 2.5.4 粉丝推广 …… 33
  - 2.5.5 福利引流 …… 34
  - 2.5.6 评论引流 …… 34
  - 2.5.7 SEO引流 …… 36

第3章 外部引流：利用其他平台获取流量 …… 39

- 3.1 社交平台引流 …… 40
  - 3.1.1 微信社群引流 …… 40
  - 3.1.2 朋友圈引流 …… 42
  - 3.1.3 公众号引流 …… 43

3.2 资讯平台引流 …………………… 43
 3.2.1 百度引流 ………………… 44
 3.2.2 今日头条引流 …………… 46
3.3 视频平台引流 …………………… 48
 3.3.1 优酷平台引流 …………… 48
 3.3.2 爱奇艺引流 ……………… 49
 3.3.3 西瓜视频引流 …………… 50
3.4 音频平台引流 …………………… 51
 3.4.1 音频引流 ………………… 51
 3.4.2 音乐引流 ………………… 53
3.5 线下平台，推广联动 …………… 55
 3.5.1 线下扫码引流 …………… 55
 3.5.2 线下拍摄引流 …………… 55
 3.5.3 线下转发引流 …………… 55
3.6 引流注意事项 …………………… 55

第4章 私域流量：快速将粉丝导入流量池 …………… 57

4.1 认识私域流量 …………………… 58
 4.1.1 熟悉基本概念 …………… 58
 4.1.2 公域流量的衰退 ………… 61
 4.1.3 私域流量商业价值 ……… 62
4.2 两大私域流量引流方式 ………… 65
 4.2.1 邀请网红合作引流 ……… 65
 4.2.2 利用账号引流 …………… 66
4.3 分析产品特点 …………………… 67
 4.3.1 消费频次高、复购率高 … 67
 4.3.2 知识付费产品服务 ……… 68
 4.3.3 具备话题感的产品 ……… 69
4.4 打造私域流量池 ………………… 70
 4.4.1 拓展多样化渠道 ………… 70
 4.4.2 通过活动推广 …………… 72
 4.4.3 利用场景互动 …………… 74

 4.4.4 打造封闭市场 …………… 75
 4.4.5 搭建私域流量池 ………… 76
 4.4.6 实现爆发式增长 ………… 77
 4.4.7 多做"回头客"生意 …… 78

第5章 带货话术：锻炼出口若悬河的本事 …………… 83

5.1 提高表达能力 …………………… 84
 5.1.1 确保观看体验 …………… 84
 5.1.2 制造轻松的氛围 ………… 85
 5.1.3 策划直播内容 …………… 86
 5.1.4 应对用户提问 …………… 89
 5.1.5 活跃评论区 ……………… 89
5.2 学习聊天技能 …………………… 91
 5.2.1 重视直播中的细节 ……… 91
 5.2.2 保持良好心态 …………… 92
 5.2.3 多为用户着想 …………… 93
 5.2.4 低调直播：保持谦虚态度 … 93
 5.2.5 把握尺度：懂得适可而止 … 94
5.3 策划直播脚本 …………………… 94
 5.3.1 规划具体方案 …………… 95
 5.3.2 策划活动要点 …………… 97
 5.3.3 展示产品卖点 …………… 100
5.4 必须掌握的直播话术 …………… 103
 5.4.1 介绍法 …………………… 103
 5.4.2 赞美法 …………………… 104
 5.4.3 强调法 …………………… 105
 5.4.4 示范法 …………………… 105
 5.4.5 限时法 …………………… 106

第6章 直播推广：从多个方面引导用户 …………… 107

6.1 确定直播内容的要求 …………… 108

- 6.1.1 明确传播点和真实性 ……… 108
- 6.1.2 确定直播内容方向 ………… 109
- 6.1.3 直播特色内容 ……………… 112
- 6.1.4 把握热点话题 ……………… 112
- 6.2 直播产品推广 …………………… 114
  - 6.2.1 提高产品推广的精准度 …… 116
  - 6.2.2 提升产品推广的成功率 …… 117
- 6.3 直播活动推广 …………………… 118
  - 6.3.1 直播活动常见的开场方式 … 118
  - 6.3.2 5种直播互动的玩法 ……… 119
  - 6.3.3 如何欢迎用户 ……………… 121
  - 6.3.4 用提问引导用户 …………… 121
  - 6.3.5 引导用户助力 ……………… 122
- 6.4 多平台直播推广 ………………… 122
  - 6.4.1 利用社交网络自由推广 …… 122
  - 6.4.2 建立品牌口碑专业推广 …… 123
  - 6.4.3 论坛推广的内容很丰富 …… 124
  - 6.4.4 提取关键词的软文推广 …… 125
  - 6.4.5 跨越平台进行联盟推广 …… 126
  - 6.4.6 通过借势、造势扩大影响 … 126
- 6.5 以用户为主进行推广 …………… 127
  - 6.5.1 明确直播目的 ……………… 127
  - 6.5.2 迎合用户口味 ……………… 128
  - 6.5.3 抓住时事热点 ……………… 129
  - 6.5.4 打造噱头话题 ……………… 130

第7章 直播营销：让更多用户成为新粉丝 ……………… 131

- 7.1 提高直播竞争力 ………………… 132
  - 7.1.1 营销方向的转变 …………… 132
  - 7.1.2 聚焦于从人到人的社交圈 … 133
  - 7.1.3 以粉丝利益为核心 ………… 134
- 7.2 直播营销秘诀 …………………… 134
  - 7.2.1 提供优质内容 ……………… 134
  - 7.2.2 直播营销优势 ……………… 139
  - 7.2.3 直播营销雷区 ……………… 141
- 7.3 直播营销技巧 …………………… 142
  - 7.3.1 吸引和沉淀新粉丝 ………… 142
  - 7.3.2 快速响应粉丝要求 ………… 143
- 7.4 营销与推广相结合 ……………… 145
  - 7.4.1 营销方案的5大要素 ……… 145
  - 7.4.2 直播营销方案的执行 ……… 147
  - 7.4.3 宣传引流的4种方法 ……… 148

第8章 带货技巧：提升体验是直播的核心 ……………………………… 151

- 8.1 直播带货的优势 ………………… 152
  - 8.1.1 直播带货用户体验更直观 … 152
  - 8.1.2 直播带货促进用户的转化率 ……………………… 153
  - 8.1.3 运营者与直播相辅相成 …… 154
- 8.2 直播带货5步法 ………………… 155
  - 8.2.1 拉近与用户的距离 ………… 155
  - 8.2.2 突出产品的价值 …………… 156
  - 8.2.3 锁定需求 …………………… 158
  - 8.2.4 筛选产品 …………………… 160
  - 8.2.5 营造紧迫感 ………………… 161
- 8.3 直播带货的内容策划 …………… 163
  - 8.3.1 专业导购 …………………… 163
  - 8.3.2 创意产品 …………………… 164
  - 8.3.3 放大优势 …………………… 164
  - 8.3.4 策划段子 …………………… 164
  - 8.3.5 分享干货 …………………… 165
  - 8.3.6 场景带货 …………………… 165
  - 8.3.7 口碑带货 …………………… 166
  - 8.3.8 专注产品 …………………… 167

| 8.3.9　福利诱导 …………………… 168
| 8.3.10　体现性价比 …………………… 170
| 8.3.11　设置悬念 …………………… 170
| 8.3.12　进行对比 …………………… 171

第9章　基本操作：轻松获得更多账号特权 …………… 173

9.1　快手服务号的4大核心价值 …… 174
　　9.1.1　迎合时代的诉求 …………… 175
　　9.1.2　品牌的高曝光度 …………… 175
　　9.1.3　强话题性和互动性 ………… 176
　　9.1.4　塑造品牌的形象 …………… 177
9.2　服务号现状及发展趋势 ………… 177
　　9.2.1　服务号红利依旧在 ………… 177
　　9.2.2　为企业带来发展空间 ……… 178
　　9.2.3　服务号让营销落地 ………… 178
9.3　快手服务号的特权 ……………… 179
　　9.3.1　作品置顶 …………………… 179
　　9.3.2　导航到店 …………………… 180
　　9.3.3　主页电话 …………………… 181
　　9.3.4　账号保护 …………………… 181
9.4　服务号开通方法 ………………… 182
　　9.4.1　服务号开通教程 …………… 182
　　9.4.2　认证所需资料 ……………… 184
9.5　快手小店开通方法 ……………… 187
　　9.5.1　快手小店开通教程 ………… 187
　　9.5.2　开店保证金 ………………… 188
　　9.5.3　快手结算规则 ……………… 190
　　9.5.4　商家等级规范 ……………… 190

第10章　小店变现：高效转化获取巨额利润 …………… 193

10.1　如何使用快手小店 ……………… 194
　　10.1.1　快手小店介绍 …………… 194
　　10.1.2　快手小店销售方式 ……… 194
　　10.1.3　快手违禁商品 …………… 195
　　10.1.4　查看平台规则 …………… 196
　　10.1.5　相关注意事项 …………… 197
10.2　快手小店如何获取权限 ………… 198
　　10.2.1　快手商品如何添加 ……… 198
　　10.2.2　商品链接如何获取 ……… 202
10.3　快手小店的运营 ………………… 204
　　10.3.1　快手小店视频制作 ……… 204
　　10.3.2　快手小店精细化运营 …… 205
　　10.3.3　快手小店多种玩法 ……… 205

第11章　广告投放：获得高收入的基础方式 …………… 207

11.1　广告投放 ………………………… 208
　　11.1.1　快手广告效果 …………… 208
　　11.1.2　快手广告特点 …………… 209
　　11.1.3　如何做快手广告 ………… 211
　　11.1.4　快手热门广告行业分析 … 212
　　11.1.5　快手禁投广告的产品 …… 214
11.2　磁力聚星 ………………………… 215
　　11.2.1　推广特点 ………………… 216
　　11.2.2　营销场景 ………………… 218
　　11.2.3　推广案例 ………………… 220
11.3　信息流广告 ……………………… 221
　　11.3.1　信息流广告特点 ………… 221
　　11.3.2　信息流广告目标 ………… 224
　　11.3.3　信息流广告投放时间 …… 224
11.4　快手开屏广告 …………………… 225
　　11.4.1　开屏广告的功能 ………… 225
　　11.4.2　开屏广告交互逻辑 ……… 226
　　11.4.3　开屏广告所需物料 ……… 227

11.4.4 账号物料要求………………… 228
11.4.5 物料提交数量规范…………… 229
11.4.6 物料提交时间规则…………… 229
11.4.7 物料内容审核规范…………… 229
11.4.8 物料版权审核规范…………… 231

第12章 广告优化：精准触达快手目标人群 …………… 233

12.1 不同行业广告的优化 …………… 234

12.1.1 精准投放快手广告………… 234
12.1.2 游戏行业广告优化………… 234
12.1.3 服装行业广告优化………… 237
12.1.4 玩具行业广告优化………… 238

12.2 快手小店通 …………………… 239

12.2.1 快手小店通的功能………… 240
12.2.2 快手小店通支持类目……… 240
12.2.3 快手小店通的优势………… 241

第1章
快手运营：
迎接充满商机的新时代

学前提示　快手是短视频领域的早期霸主，即便时至今日，它虽然在某些方面已不如抖音，但它在短视频领域依然有着举足轻重的影响力。也正是因为如此，快手平台吸引了许多运营者入驻，那么运营者们又该如何运营快手短视频呢？

从零开始做快手电商：引流涨粉＋直播带货＋橱窗小店＋广告盈利

1.1 快手的基本知识

由于 4G 移动网络的普及，逐渐带火了一批短视频应用，其中最具代表性的快手更是火遍大江南北。那么对于一个快手运营者而言，如何运营好快手短视频账号，成为摆在他们面前的一个难题。

1.1.1 快手历史

我们要真正深入地了解一个人，一般要先清楚他的背景和经历，正如《孟子》中所说："颂其诗，读其书，不知其人，可乎？是以论其世也。"我们要想真正了解快手，还得先了解快手的前世今生，或者说是来龙去脉。

1．快手前世

2011 年，快手还叫"GIF 快手"的时候，是一款制作和分享 GIF 动态图的手机应用。2013 年 7 月，"GIF 快手"从工具类应用转型为短视频类应用，改名"快手"，其名称沿用至今。

快手算是最早扎根于短视频分享的 App，一时风头无两。那时候，能与快手争锋的抖音还没有创建，美拍与小咖秀这些短视频平台还在一、二线城市抢夺市场，而快手创始人却走不同寻常之路，挖掘下沉市场，将快手这个产品贴近三、四线城市的草根，并为他们量身定做了许多功能和算法。

2．快手今生

2016 年，一篇名为《残酷底层物语：一个视频软件的中国农村》的文章在网络走红，文章中不仅披露了快手存在低俗、猎奇的内容，还指出了城乡二元尖锐对立的局面。2018 年快手又遭受央视的批评，随后其创始人发文《接受批评，重整前行》进行道歉，并对快手进行改革，加入很多正能量的内容。至此，快手正式迈入 2.0 时代。

2018 年，快手推出"快手营销平台"，以社交为中心，整合快接单、快享计划、快手小店等内容和功能。现今，电商平台为了摆脱扁平化桎梏和加速商业化进程，纷纷开始创造节日，阿里创造"双十一"，京东创造"618"，苏宁创造"818"……在这种情形下，2018 年 11 月 6 日，快手推出首届"电商节"，至此，快手完成了商业化布局，正式开启商业变现的旅程。

1.1.2 快手定位

虽然同为短视频应用，但是快手和抖音的定位完全不一样。抖音的红火靠的是马太效应——强者恒强，弱者愈弱。也就是说，在抖音上，本身流量就大的网红和明星可以通过官方支持获得更多的流量和曝光，对于普通用户而言，获得推荐和上热门的机会就少得多。

快手的某位创始人曾表示："我就想做一个让普通人都能平等记录的产品。"这恰好就是快手的产品定位。抖音靠的是流量为王；快手想兼顾二者，让用户平等地获得被推荐的机会。

1.1.3 平台特色

与其他平台相比，快手有着属于自己的一些特色，下面就选取其中两个特色进行具体说明。

1. 青少年模式

现如今，每当孩子吵闹时，许多父母会用手机安抚孩子。然而，孩子有时不太懂事，自制力比较差，如果父母拒绝让他玩手机，他可能就会耍小脾气。其实，此时父母可以通过青少年模式的设置，对孩子刷快手的行为进行适当的控制。

2. 屏幕显示设置

点击快手视频之后，系统会默认以全屏模式显示视频内容，如图 1-1 所示。除了这种模式之外，用户还可以将显示模式设置为大屏显示模式，如图 1-2 所示。

图 1-1　全屏模式

图 1-2　大屏显示模式

在全屏模式下，用户上滑即进入评论区，需要返回"发现"界面才能浏览下一条短视频；而在大屏显示模式下的产品逻辑与抖音一样，"同城""关注""发现"可横滑切换，上下滑动即可切换至上一条或下一条短视频。

1.2 快手号定位的方法

快手号定位就是为快手运营和内容发布确定方向。那么，运营者如何进行快手号定位呢？笔者认为可以从 4 个方面进行思考，这一节将分别进行解读。

1.2.1 专长定位

对于拥有自身专长的人来说，根据自身专长做定位是一种最直接和有效的定位方法。运营者只需对自己或团队成员进行分析，然后选择某个或某几个专长，进行账号定位即可。

例如，某运营者将自己的快手账号定位为电商干货知识分享类账号，并命名为"××电商"，他通过该账号重点分享了很多电商运营思路，和粉丝一起探讨电商发展趋势，如图 1-3 所示。

图 1-3　某运营者发布的知识分享视频

又如，某运营者擅长舞蹈，身材高挑，舞姿曼妙，因此，她将账号定位为舞蹈作品分享类账号。在该账号中，她分享了大量舞蹈视频，如图 1-4 所示，这些作品可以为她快速积累大量粉丝。

自身专长包含的范围很广，除了唱歌、跳舞等才艺之外，还包括其他诸多方面，就连手工也可以是一项专长。例如，某手工达人将快手号定位为手工产品分享类账号，将账号命名为"××爱做手工"，并通过为手工产品带货来变现。

如图 1-5 所示，为该运营者发布的快手短视频。

图 1-4 某运营者发布的舞蹈视频

图 1-5 某运营者发布的手工制作视频

由此不难看出，只要运营者或其团队成员拥有专长，而专长所属领域又比较受人关注，那么运营者将该专长作为账号的定位，便是一种不错的定位方法。

1.2.2 内容定位

运营者可以从快手中相对稀缺的内容出发，进行账号定位。例如，某快手号的定位为分享宠物日常，在短视频中主人还为宠物配音，让短视频充满了幽默感。如图1-6所示，为该账号发布的相关短视频。

图1-6 某运营者发布的宠物日常视频

像这种专门做宠物配音内容的快手账号比较少，因而此账号就具有一定的稀缺性。在短视频中，动物的拟人化受到了诸多网友的喜爱，许多用户看到这一类视频之后，就会觉得宠物特别可爱。

1.2.3 需求定位

通常来说，用户有需求的内容更受欢迎。因此，结合用户的需求和自身专长进行定位也是一种不错的定位方法。

大多数女性都有化妆的习惯，但又觉得自己的化妆水平还不太高，因此，这些女性通常会关注美妆类内容。在这种情况下，运营者如果擅长美妆，那么将账号定位为美妆类账号就比较合适了。

例如，某运营者本身就是入驻微博等平台的美妆博主，再加上许多女性用户对美妆类内容比较感兴趣，因此，她入驻快手之后，便将账号定位为美妆类账号，并持续为广大用户提供精良的美妆类短视频内容。如图1-7所示，为该运营者发布的相关快手短视频。

除了美妆之外，用户普遍需求的内容还有很多，美食烹饪便是其中之一。许多用户，特别是喜欢做菜的用户，通常会从快手中寻找一些菜肴的制作方法。因此，如果运营者自身就是厨师，或者会制作的菜肴种类比较多，加之又特别喜欢制作美食，那么运营者将账号定位为美食制作分享类账号，就是一种很好的定位方法。

图 1-7　某美妆类快手账号发布的短视频

如图 1-8 所示为一个定位为美食制作分享类的账号。在该账号中，运营者会通过视频将一道道菜肴从选材到制作的过程进行全面呈现。因为该账号将制作过程进行了比较详细的展示，所以该账号发布的短视频内容很容易收获较高的播放量和点赞量。

图 1-8　某美食制作分享类快手账号发布的短视频

1.2.4 品牌定位

相信大家一看到本小节的标题就明白,这是一个快手企业号的定位方法。许多企业和品牌在长期的发展过程中可能已经形成了自身的特色,此时如果根据这些特色进行定位,通常比较容易获得用户的认同。

根据品牌特色做定位又可以细分为两种方法:一是以能够代表企业的形象做账号定位;二是以企业或品牌的业务范围做账号定位。三只松鼠食品账号就是一个以代表企业形象的物象做定位的快手号。这个快手号会经常分享一些视频,并将代表品牌的松鼠卡通形象作为主角打造短视频,如图1-9所示。

图1-9　三只松鼠快手账号发布的视频

熟悉该零食品牌的人都知道这个品牌的卡通形象和Logo就是视频中的这三只松鼠,因此,该零食品牌的短视频便具有了特色。此外,这种通过卡通形象表达的内容更容易被人们记住。

1.3　了解快手设置

要想做快手运营,运营者先得注册一个账号,并对账号的信息进行设置,打上自己的标签。本节将对快手号信息设置的相关内容进行简单介绍。

1.3.1　头像和昵称

头像和昵称是快手号的门面,许多用户在看一个快手号时,首先注意的通常是账号的头像和昵称。因此,头像和昵称的设置就显得尤为关键了。

1. 头像

通常来说，运营者可以根据需要达到的目的在快手 App 的"编辑个人资料"界面中设置快手号的头像。

如果运营者的运营重点是打造自身形象，则可以将个人形象照或账号名字设置为快手号头像，如图 1-10 所示；如果运营者是以销售产品为主，可以将产品图片设置为快手号头像。

图 1-10　将个人形象照（左）或账号名字（右）设置为快手号头像

2. 昵称

和头像相同，快手号的昵称也可以在"编辑个人资料"界面中进行设置。运营者在设置快手号昵称时，需要特别注意以下两点。

（1）账号设置对字数有限制，不能超过 12 个字。

（2）可将业务范围等重要信息设置为账号昵称，用户一看到账号昵称就知道运营者的业务范围，如果用户对相关业务有需求，便会关注运营者的账号，如图 1-11 所示。

图 1-11　将业务范围等重要信息设置为账号昵称

1.3.2　填写资料

除了头像、昵称和快手账号的设置外，运营者还可在"编辑个人资料"界面中填写性别、生日/星座、所在地和个人介绍等个人资料。这些资料填写完之后，将在快手昵称下方进行显示。

性别、生日/星座和所在地，快手运营者只需根据自身实际情况进行填写即可。而个人介绍则可以填写自身业务、产品购买、订单查询和联系方式等重要内容。具体可参考图 1-12 所示的两个账号的介绍案例。

图 1-12　快手个人介绍案例

1.4　快手营销手段

运营者想要运营好自己的快手账号，可以从了解算法、熟悉功能、精准推送、把握时间、遵守条例、历年数据、加强互动、质量至上 8 个方面进行尝试。

1.4.1　了解算法

快手的定位既然偏向平民化，那么它和抖音那种流量化的推荐机制肯定有很大的区别，下面将进行具体分析。

1．推荐话题

打开快手，点击左侧栏中的"查找"，点击"查看更多"展开按钮，即可看到快手短视频所有的主题，如图 1-13 所示。抖音置顶的是最热视频榜单，快手不一样，它的主题界面不会显示作品标题，也不会直接推荐热门视频给用户，只会显示该视频的专辑图片列表，如图 1-14 所示。

图 1-13　快手所有的主题

图 1-14　快手"水彩画"主题界面

2．主界面

打开快手，即可发现它的核心功能：发现、同城和关注。下面从算法逻辑角度谈一谈这 3 个核心功能。

1）发现

"发现"界面有两种方式，在全屏模式下，它以双列 Feed 瀑布流的方式呈现；在大屏显示模式下，它的显示逻辑和抖音一样，采用的是上下翻页的方式，视频强制推荐并播放给用户，因而用户无法全局预览推荐的内容，只能通过不断滑动来跳过不感兴趣的视频内容。如图 1-15 所示，为大屏显示模式下的快手"发现"界面。

2）同城

打开快手后你会发现，快手"同城"界面采用的是双列 Feed 瀑布流的方式，用户可以很直观地预览算法给你推荐的视频封面，从而自由地选择想要观看的视频，如图 1-16 所示。

"同城"界面指的就是显示同一区域附近的人发的视频与直播的界面，抖音也有"同城"功能。因此，想要增加自己视频的曝光量，在发视频时，建议用户定位在人流量比较大的地方，比如定位在热门商圈、社区或大学城附近。

图1-15 快手"发现"界面

图1-16 快手"同城"界面

3）关注

快手"关注"界面会直观地展示用户所关注的朋友，而且系统会默认把相同类型的快手号推送给用户，引导用户进行关注。

1.4.2 熟悉功能

运营者熟悉快手的主要功能和作用，有利于日后的运营，包括引流、变现工作的展开。

1．缩略图

与抖音直接停留在视频界面不同，快手视频缩略图大量地运用了大块的文字色块。通过双列Feed瀑布流的形式吸引用户，增加点击量。因此，运营者要选择视频里最抓人眼球的画面作为缩略图。

2．群聊

目前，快手社交属性要强于其他短视频软件，比如快手搜索内容后展示的"群聊"功能，可以帮助运营者进一步增加与粉丝的互动，增强用户黏性。

1.4.3 精准推送

从内容消费角度来说，快手的核心主要包括两项：内容和人。

1. 内容

截至笔者完稿为止，机器的 OCR 技术虽然可以识别和读取图片，但是还没有那么准确。换句话说，快手单纯靠算法来读取视频内容，以判断它将来是否受欢迎，这种方法至少现在还不现实。

因此，快手的算法是模糊性读取并将视频分成很多类，然后推送给部分快手用户。接着，快手会接收来自点赞、评论区等多个角度的反馈，算法根据反馈进行分析，进一步扩大视频的传播度。如果视频的传播度够大，那么算法会挑选该视频放入快手的"发现"界面。如图 1-17 所示，某用户经常看与玩具相关的视频，快手算法自动在其"发现"界面推荐了许多与玩具相关的视频。

图 1-17 某用户的"发现"界面

2. 人

不仅人与人之间需要时间来相互熟悉，连机器也需要时间来了解一个人。在用户刚注册快手时，快手算法结合用户的观看行为和观看内容，进而推荐更多类似的视频。当然，一个用户拥有的特征越多，算法推荐的视频结果就越精准。从这个层面来说，快手算法需要大量的用户记录和习惯，以建立算法模型，为用户实现精准推荐。

1.4.4 把握时间

要想在快手做营销，我们要准确地把握住用户刷快手的时间，这样才能在关键的时候发挥信息的作用。以下为发布快手短视频的最佳时间段。

1．7:00—9:00

7:00—9:00 的时间段，正好是用户起床、吃早餐的时候，有的用户正在上班的路上、公交车上，这时候很多人喜欢拿起手机刷刷快手之类的短视频软件。在一天的最开始时间，作为快手运营者，应该敏锐地抓住这个黄金时间，发一些关于正能量的视频或说说，给快手"老铁"传递正能量，让大家一天的好精神从阳光心态开始，这样更容易让大家记住你。

2．12:30—13:30

12:30—13:30 的时间段，正是大家吃饭、休闲的时间，上午上了半天班，有些辛苦，这时候大家都想看一些轻松、搞笑、具有趣味性的内容，为枯燥的工作时间添加几许生活色彩。

3．17:30—18:30

17:30—18:30 的时间段，正是下班的高峰期，大家也正在车上、回家的路上，用手机刷快手的"老铁"特别多，通过观看手机短视频来排减工作压力，运营者可以抓住这个时间段，发布一些与自己产品相关的内容，或者发一些引流的视频。

4．20:30—22:30

20:30—22:30 的时间段，大家都吃完饭了，有的坐在沙发上看电视，有的躺在床上休息，大家的心灵是比较恬静的，睡前刷快手短视频可能已经成了某些年轻人的生活习惯。所以，这时候发一些情感类的内容，最容易打动你的粉丝。

1.4.5　遵守条例

快手曾因出现低俗色情内容而遭到整改，目前官方鼓励作者发布正能量内容，坚决打击发布违法违纪的内容。因此，运营者需要保持快手号的良好记录，不要违反快手官方条例。如图 1-18 所示，为《快手社区管理规范》的部分内容。

1.4.6　历年数据

值得快手运营者注意的是，快手的月活跃用户数都在长期稳步增长。2017 年年初，快手月活跃用户突破 2 亿，在行内可谓遥遥领先。截至 2018 年年初，快手短视频月活跃用户遥遥领先，其他短视频软件难以望其项背，如图 1-19 所示。

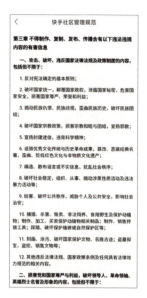
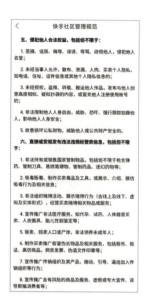

图 1-18 《快手社区管理规范》的部分内容

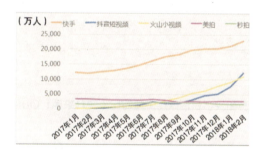

图 1-19 快手和其他热门短视频软件月活跃用户对比（资料来源：企鹅智酷）

可以肯定的是，衡量一款产品用户黏性的重要指标，DAU（日活跃用户）/MAU（月活跃用户）是不可或缺的，在沉浸度相对较高的游戏行业，这一比值通常可达到 0.3~0.6。

截至 2018 年年初，快手和抖音的 DAU/MAU 均已达到 0.45，即两者的月活跃用户中，平均每人每月有 13.5 天（30 天 ×0.45）会使用快手或抖音，这是很可观的用户黏性表现。如图 1-20 所示，为快手和抖音 DAU/MAU 对比。

2018 年年中，抖音用户量一举超越快手，成为中国第一大短视频平台。2019 年，抖音日活跃用户量全面超过快手，如图 1-21 所示。

2020 年春节前，快手日活跃用户量为 3 亿人，抖音后来居上，以 4 亿人的日活跃用户量远远超过了快手，如图 1-22 所示。不过，值得快手运营者注意的是，快手的日活跃用户虽然没有抖音大，但是它的流量红利依然存在。

第一章 快手运营：迎接充满商机的新时代

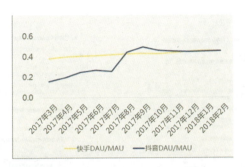

图1-20 快手和抖音 DAU/MAU 对比（资料来源：企鹅智酷）

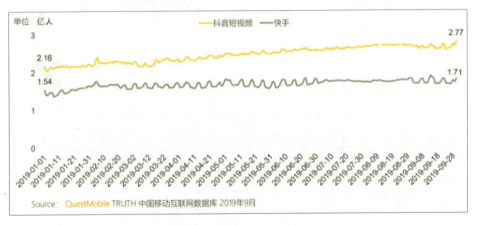

图1-21 抖音和快手日活跃用户量对比（资料来源：Quest Mobile）

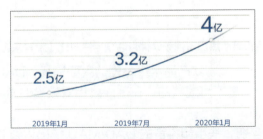

图1-22 2019—2020年抖音日活跃用户量曲线（资料来源：网络）

　　从艾媒咨询发布的数据来看，在2020年，中国短视频用户曾用短视频应用排名中，抖音和快手分别以70.9%与52.3%的优势稳居冠军与亚军之位，如图1-23所示。而在活跃用户数方面，抖音和快手的差距没有那么大，快手也在积极地调整策略，增加自己的活跃用户数，如图1-24所示。但是，在网络口碑方面，从2020年的数据来看，快手网络评价为64.7，评论风向大多为积极正面的。因此，在网络口碑方面，快手较抖音更胜一等。

图 1-23　2020 年中国短视频用户曾用短视频应用排名（Top 10）（资料来源：艾媒咨询）

图 1-24　2019—2020 年中国短视频应用活跃用户人数（亿人）（资料来源：艾媒咨询）

不过，从用户收入层面来看，抖音和快手的高低收入群体占比有一定的差异，月收入在 5000 元以下的用户抖音占比 66.1%，而快手却高达 73.8%；月收入在 10000 元以上的用户抖音有 11.3%，而快手却只有 6.4%，如图 1-25 所示。

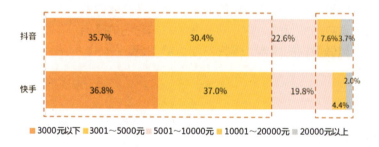

图 1-25　2020 年 11 月中国短视频头部应用用户月收入分布（资料来源：艾媒咨询）

1.4.7　加强互动

平时快手刷得多的用户能够发现这样一个问题：视频运营者基本不在评论区互动。为此，笔者随机查看并分析了上百条快手视频，发现大多数运营者都没有在评论区互动。

不管是偏向秀场的抖音，还是偏向内容社交和生活记录的快手，其用户其实都是希望被尊重的。如果运营者秉持这个理念，并将这个理念贯彻到底，用心去回复评论，就可以实现增强用户黏性、提高带货能力的目的。

如图1-26所示，为某快手视频的评论区，可以看到运营者只在评论区点赞，而不在评论区互动。

图1-26　某快手视频的评论区

1.4.8　质量至上

在运营快手时，如果你自己能够生产出足够优质的内容，也可以快速吸引到用户的目光。运营者可以通过为受众持续地生产高价值的内容，从而在用户心中建立权威，加强他们对你的信任度和忠诚度。运营者在自己生产内容时，可以运用以下技巧，持续打造优质内容。

（1）做自己真正喜欢和感兴趣的领域。

（2）做更垂直、更具差异化的内容，避免同质化内容。

（3）多看热门推荐的内容，多思考并总结它们的亮点。

（4）尽量做原创的内容，最好不要直接搬运。

第 2 章
内部引流：
利用快手自身生态吸粉

> **学前提示**　快手短视频是发展的一个大趋势，影响力日益增强，其平台用户也越来越多。对于快手这个聚集大量流量的平台，电商是不可能放弃的。那么，快手运营者又该怎样在快手平台内部引流呢？

从零开始做快手电商：引流涨粉＋直播带货＋橱窗小店＋广告盈利

2.1 视频作品引流

对于运营者来说，快手的基础功能是短视频功能，因此运营者围绕短视频进行引流是明智的选择。下面笔者对视频作品引流的3种方式进行具体分析。

2.1.1 通过原创短视频引流

相较于搬运过来的视频，原创视频对快手用户的吸引力更大，引流效果自然也更好。综观快手平台上的大号，可以说没有一个账号是靠搬运别人的视频火起来的。即便有的视频套用了他人的某个视频，但在套用之余也会加入自己的原创内容。

这一点很好理解，毕竟用户都希望看到新奇的视频内容。如果运营者的视频是搬运过来的，而用户在此之前已看过相同的视频，那么这个视频对他们来说就没有吸引力了，没有吸引力的视频能获得的流量自然是有限的。

通过发布原创短视频引流对于从事直播行业的运营者来说尤其重要。如果运营者的短视频不是原创的，很可能会让用户产生疑惑，甚至觉得你是在骗人。

例如，许多带货主播经常在快手上分享自己的产品介绍视频，在这些视频中用户能清晰地看出主播风格，主播直播时他们也能看出主播风格，如图2-1所示。因此，如果直播时的主播风格与分享的短视频风格不一致，用户就会觉得视频可能不是原创的，在这种情况下，很可能会出现流量快速流失的情况。

图2-1　从短视频（左）和直播（右）中可以看出主播风格是一致的

2.1.2 通过短视频封面引流

与抖音用手指滑动手机屏幕就能查看下一个视频不同，在快手中要查看一个视频，需要点击该视频的封面，并且不能通过用手指滑动屏幕直接查看下一个视频，这一点笔者在第1章中已有具体分析。

用户登录快手之后就能在"发现"界面中看到许多视频封面，如图2-2所示。不仅如此，用户进入某个快手账号主页查看其作品时，看到的也是视频的封面，如图2-3所示。因此，许多用户都会根据视频封面来决定要不要点击查看该视频。

图2-2 "发现"界面　　　图2-3 某快手账号主页界面

在这种情况下，如果你的视频封面对用户的吸引力比较强，他们自然愿意点击查看。因此，通常来说，视频封面越有吸引力，其引流能力就越强。那么，运营者如何让视频封面更具有吸引力呢？运营者重点要做好以下两个方面的工作。

（1）注重封面的整体美观性，让封面看起来舒服。

（2）通过醒目的文字强调视频的重点信息和亮点，让用户看到视频的价值。

2.1.3 通过"作品推广"引流

短视频发布之后，运营者可以通过快手的"作品推广"功能为视频引流。所谓"作品推广"，实际上就是通过向快手官方支付一定金额的方式，让快手平台将短视频推送给更多用户。那么，快手"作品推广"功能该如何使用呢？接下来笔者就来介绍具体的操作步骤。

步骤01 登录快手短视频App，点击"发现"界面左上方的 ≡ 按钮，操作完成后，弹出快手菜单栏。点击菜单栏中的账号头像，进入快手个人主页界面，选择需要进行"作品推广"的短视频。

步骤02 进入短视频播放界面，点击短视频播放界面中的分享按钮，如图 2-4 所示；在弹出的列表框中选择"上热门"选项，如图 2-5 所示。

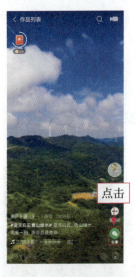
图 2-4 短视频播放界面

图 2-5 选择"上热门"选项

步骤03 进入"作品推广"界面，运营者可以根据推广的目的，在"快速推广"和"定向推广"之间进行选择。以"定向推广"为例，运营者只需点击"作品推广"界面中的"定向推广"按钮，即可进入相对应的支付界面，如图 2-6 所示。

图 2-6 "作品推广"界面

在该界面中，运营者可以对期望增加的数据、投放人群、投放时长、投放页面和投放金额等内容进行选择。选择完成后，只需支付对应的快币，便可完成作品推广的投放设置。

2.2 话题标签引流

话题标签引流，这种方式快手和抖音都有，它最大的作用是开发商业化产品，快手平台运用了"模仿"这一运营逻辑，实现了品牌最大化的营销诉求。

当然，参加话题挑战的关键就在于找到合适的话题。那么，运营者如何才能找到合适的话题呢？笔者个人认为有3种方法：一是从热门内容中选择话题；二是在短视频中添加合适的话题；三是运营者可以积极参与快手挑战赛。

2.2.1 从热门内容中挑话题

运营者从热门内容中挑选话题的操作非常简单，下面介绍具体步骤。

步骤 01 运营者可以进入快手搜索界面，查看"快手热榜"内容，选择其中的某条热搜，如图2-7所示；操作完成后，进入该内容的"话题"界面，选择对应的标签，如图2-8所示。

图2-7 快手搜索界面

图2-8 某内容的"话题"界面

步骤 02 进入该话题标签界面，其中会出现与该话题标签相关的热门和最新短视频，点击其中某个视频，即可参考现成案例，如图2-9所示。比如，摄影类运营者可蹭"镜头下的春天有多美"热点，为摄影器材带货，如图2-10所示。

图 2-9　话题标签界面　　　　图 2-10　查看对应的视频

快手运营者可以根据该话题中相关视频的内容总结经验，然后据此打造带有热门话题标签的视频，从而增强自身内容的吸引力，提高内容的引流推广能力。

2.2.2　在短视频中添加话题

用户通过话题标签可以快速寻找同类视频，而运营者也可以参考同类视频，打造更出色的作品。例如，在快手评论区中点击"男生穿搭"话题标签，如图 2-11 所示，便可进入"男生穿搭"话题界面，如图 2-12 所示。

图 2-11　点击话题标签　　　　图 2-12　视频模板界面

2.2.3 积极参与快手挑战赛

从数据来看，参加快手挑战赛的引流营销模式是非常有效的，但是参加快手挑战赛需要注意以下 3 点规则。

（1）在挑战赛中，快手运营者越少显露品牌，越贴近日常挑战内容话题文案，播放量越可观。

（2）对于快手运营者而言，首发视频可模仿性越强，全民参与度就会越高，才能更轻松地引流。

（3）参加快手挑战赛，快手的信息流会为品牌方提供更多的曝光量，带去更多的流量，还可以通过流量积累粉丝、沉淀粉丝，从而实现附加价值。

2.3 矩阵、互推引流

矩阵引流和互推引流很相似，它们之间的最大不同在于矩阵引流的对象是运营者自己的账号，而互推引流的对象是不同运营者的账号。

2.3.1 矩阵引流

快手矩阵是指通过同时做不同的账号运营来打造一个稳定的粉丝流量池。道理很简单，将自己的内容进行分类，将同一风格、不同内容的视频组建成不同的账号，通过账号之间互动达到引流的目的，如图 2-13 所示。

图 2-13 矩阵账号示例

不得不说，快手矩阵的好处有很多，具体分析如下。

（1）展现品牌：可以全方位地展现品牌特点，扩大影响力。

（2）内部引流：可以形成链式传播来进行内部引流，大幅增加粉丝数量。

（3）团队管理高效便捷：通过矩阵账号，分工合作明显，提高团队运营、管理和激励的效率。

（4）宣传激励和扶持：主账号可以根据其他号及其作品表现，打通粉丝头条和DSP（Demand-Side Platform，需求平台）投放，挑选优秀内容进行定向扶持。

（5）广告投放：可以完善账号广告投放链条，互相影响，加速快手视频和广告的传播。

2.3.2 互推引流

所谓"大号互推"，即快手账号之间进行互推，也就是两个或两个以上的快手运营者之间达成协议，约定好有偿或者无偿为对方进行粉丝互推，以达到共赢的目的。

运营者在采用快手账号互推引流的时候，需要注意的一点是，找的互推快手账号定位类型尽量不要与自己是同一个垂直定位，因为这样运营者之间会存在一定的竞争关系。

两个互推的快手账号之间尽量以存在互补性为好。举个例子，某运营者的快手账号是卖健身用品的，那么该运营者在选择互推时，就应该先考虑那些推送减肥教程的快手账号，这样获得的粉丝才是有价值的。

总而言之，快手账号之间互推是一种快速涨粉的方法，它能够帮助运营者的快手账号在短时间内获得大量的粉丝，效果十分可观。

2.4 快手直播引流

在互联网商业时代，流量是所有商业项目生存的根本，谁可以用最少的时间获得更高、更有价值的流量，谁就有更大的变现机会。

对于快手运营者而言，真人出镜的要求比较高，首先需要克服心理压力，表情要自然，同时最好有超高的颜值或有才艺基础。因此，真人出镜通常适合一些快手"大V"打造真人IP，积累一定粉丝数量后，就可以通过接广告、代言来实现IP变现。

快手运营者在通过短视频或直播引流时，也可以采用"无人物出镜"的方式。这种方式的粉丝增长速度虽然比较慢，但我们可以通过矩阵账号的方式来弥补，以量取胜。下面就来介绍"无人物出镜"的具体操作方法。

2.4.1 真实场景+字幕说明

"无人物出镜"发布的直播可以通过真实场景演示与字幕说明相结合的形式,将自己的观点全面地表达出来,这种拍摄方式可以有效地避免人物的出现,同时又能够将内容完全展示出来,非常接地气,自然能够得到大家的关注和点赞,如图2-14所示。

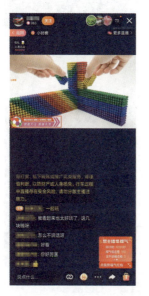 

图2-14 "真实场景+字幕说明"案例

2.4.2 图片+字幕(配音)

一般来说,这类直播发布的内容都是一些关于快手、微信、微博营销的操作方法。此外,很多真人未出镜的短视频作品都是采用"图片+字幕(配音)"的形式,因而运营者还可以将直播内容制作成短视频。

2.4.3 图片演示+音频直播

通过"图片演示+音频直播"的形式,可以与用户实时互动交流。用户可以在上下班路上、休息间隙、睡前、地铁上、公交车上以及上卫生间时边玩App边听直播分享,节约宝贵的时间,带来更好的体验。

2.4.4 虚拟场景+主播语音

大多数快手用户在看带货直播时,重点关注的是货物,但如果运营者带货的是课程或教程,则主播语音和文字说明更重要。因此,这类直播直接呈现字幕和语音说明为最佳之策。另外，一个主播之所以能够吸引快手用户观看直播，除了基本的运营手段之外，语言表达也非常关键。因此，"虚拟场景＋主播语音"就成为许多主播的重要直播形式。如图2-15所示，为两个采取"虚拟场景＋主播语音"形式的直播。

图2-15　"虚拟场景＋主播语音"的直播形式

2.5　其他引流手段

除了上面提到的4种常用的引流手段外，笔者在本节将补充更多的引流手段，帮助运营者吸引更多粉丝。

2.5.1　基本引流方法

快手短视频引流有一些基本常识，掌握这些常识之后，运营者的引流推广将事半功倍。这一小节笔者就几种引流的基本常识分别进行解读。

1. 吸引受众

人都是趋利的，当看到对自己有益处的东西时，人们往往会表现出极大的兴趣。运营者可以借助这一点，通过抛出一定的诱饵来达到吸引目标受众目光的目的。图2-16所示两个案例中的快手运营者便是通过"免费流量"和"挣钱教程"，向目标受众抛出诱饵，以达到引流推广的目的。

图 2-16 抛出诱饵吸引目标受众的目光

2. 多发内容

试想:"用户为什么要关注你,成为你的粉丝?"除了运营者的个人魅力之外,另外一个很重要的原因就是,用户可从快手短视频中获得感兴趣的内容。当然,部分粉丝关注运营者的账号之后,可能会时不时地查看账号内容。如果该账号很久不更新内容,他们可能会因为无法观看新内容或者认为该快手账号价值越来越低而选择取消关注。

因此,对于运营者来说,多发送一些用户感兴趣的内容非常关键。这不仅可以增强粉丝的黏性,还能吸引更多用户成为你的粉丝。

3. 打造人设

许多用户之所以长期关注某个账号,就是因为该账号打造了一个吸睛的人设。因此,运营者如果通过账号打造了一个能让用户记得住的、足够吸睛的人设,那么便可以持续地获得粉丝。通常来说,运营者可以通过以下两种方法打造账号人设进行引流。

(1) 直接将账号的人设放在账号简介中进行说明。

(2) 围绕账号人设发布相关视频,在强化账号人设的同时,借助该人设引流。

4. 个性语言

许多用户之所以会关注某个快手账号,主要是因为该账号有着鲜明的个性。

构成账号个性的因素有很多,个性化的语言便是其中之一。因此,运营者可以通过个性化语言打造鲜明的个性形象,从而借此吸引粉丝的关注。

短视频主要由两部分组成,即画面和声音。而具有个性的语言可以让短视频中的声音更具有特色,同时可以让整个视频对用户的吸引力变得更强。一些有个性的语言甚至可以成为运营者的标志,让用户一看到该语言就会想到某个商家,甚至在看某位运营者的短视频和直播时,会期待其标志性语言的出现。

5. 转发视频

每个人都有属于自己的关系网,这个关系网包含的范围很大,甚至包含很多没有见过面的人,比如同在某个微信群或 QQ 群却从没见过面的人。如果运营者能够利用自己的关系网,将账号中已发布的内容转发给他人,那么便可以有效地提高短视频内容的传播范围,为账号引流和营销创造更多可能性。

大多数新媒体平台开通了分享功能,运营者可以借助该功能将新媒体内容转发至微信、QQ 等平台。运营者转发完成之后,微信群和 QQ 群成员如果被吸引就很有可能登录平台关注你的账号。当然,通过这种方式吸粉,应尽可能让短视频内容与分享的微信群、QQ 群中的主要关注点有所关联。

例如,同样是转发摄影技巧的短视频,将其转发至关注摄影的微信群获得的吸粉效果,肯定会比转发至专注唱歌的微信群获得的效果好。

6. 互关引流

如果用户喜欢某个快手账号发布的内容,可能就会关注该账号,以方便日后查看该账号发布的内容。虽然关注只是用户表达喜爱的一种方式,大部分关注运营者的用户,也不会要求运营者进行互关,但是,如果用户关注了运营者的账号之后,运营者进行了互关,那么用户就会觉得自己受到了重视。在这种情况下,那些互关的粉丝就会更愿意持续关注该快手账号,粉丝黏性自然也就增强了。

这种增强粉丝黏性的方法在快手账号运营初期尤其实用。因为账号运营初期,粉丝数量比较少,增长速度也比较慢,但粉丝流失率可能会比较高。也正因如此,运营者应尽可能地与粉丝互关,让粉丝感受到自己被重视。

7. 话题内容引流

快手运营者在内容创作过程中,可以为用户提供一个表达的渠道,通过创作具有话题性的内容,提高用户的参与度,让用户在表达欲得到满足的同时,愿意持续关注商家的账号。

例如,某个以发布游戏类内容为主的快手账号,发布了一条关于《王者荣耀》的短视频。该视频的封面直接写:"《王者荣耀》春节破纪录,你知道吗?"看到这个封面之后，许多对《王者荣耀》感兴趣的用户会忍不住想要查看该视频。再加上视频内容具有一定的引导性，因此，许多用户看完该视频之后，大多会在评论区进行评论。

这些发言用户中，大部分会选择关注发布该视频的账号。而那些已经关注了该账号的用户则会因为该账号发布的内容比较精彩，并且自己能参与进来而持续关注。这样一来，该账号的粉丝黏性便得到了增强，运营者的营销带货能力也间接得到了提升。

2.5.2 同款引流

快手短视频平台中的拍同框视频，实际上是拍同款背景音乐的视频，运营者如果觉得某个短视频的背景音乐很适合自己要拍摄的短视频内容，便可以借助拍同款功能，借助原视频的背景音乐打造自己的视频内容，进而更好地为视频进行引流，如图 2-17 所示。

图 2-17 拍同款功能

2.5.3 内容引流

虽然一个企业或个人在平台上的力量有限，但这并不能否定其内容的传播影响力。运营者要想让目标群体通过内容全方位地了解产品，其中比较常用的方法就是为内容造势。

1．传播轰动信息

运营者向受众传递轰动、爆炸式的信息，借助公众人物来为头条号造势，兼具轰动性和颠覆性，立刻能够成功地吸引用户的眼球。在这个媒体泛滥的年代，想要从众多新颖的视频内容中脱颖而出，运营者就要制造一定的噱头，用语出惊人的方式吸引用户的眼球。

2．总结性内容

扣住"十大"就是典型的总结性内容之一。所谓扣住"十大"，就是指在标题中加入"10大""十大"之类的词语。例如，《中国10大"最"城市你去过几个》《全网最火的十大手机》等，如图2-18所示。这种类型视频标题的主要特点就是传播率高、在网站上容易被转载和容易产生一定的影响力。

图2-18　总结性内容

3．自制条件造势

除了可以借势外，运营者在推广内容时还可以采用自我造势的方式，来获得更多的关注度。任何内容运营推广，都需要两个基础条件，即足够多的粉丝数量和与粉丝之间拥有较紧密的关系。

运营者只要紧紧地扣住这两点，通过各种活动为自己造势，就能提高自己的曝光度，从而获得很多粉丝。为了与这些粉丝保持紧密关系，运营者可以通过各种平台经常发布内容，还可以策划一些线下的影响活动，就这样通过自我造势带来轰动，引发观众围观。

总的来说，自我造势能够让消费者清晰地识别产品，并唤起他们对产品的联想，引起他们的消费欲望，进而实现消费，可见其对引流的重要性。

2.5.4 粉丝推广

对于运营者来说，个人（或运营团队）的力量毕竟有限，因此，在账号运营的过程中可以适当地借助粉丝的力量，让粉丝变成账号的推广员。在此之前，首先还得让粉丝对账号的运营工作产生认同感。笔者认为可以重点做好以下3点。

1．及时回复粉丝私信

及时回复粉丝的私信，看起来是一件很小的事情，但在粉丝看来却是很重要的。如果快手运营者在收到私信之后，马上就进行回复，粉丝就会觉得自己受到了重视，甚至会受宠若惊，自然也会更乐于帮你推广。

2．增强粉丝的信任感

运营者需要与粉丝建立信任感，让粉丝觉得你的账号是值得推荐给其他人的。那么如何增强粉丝的信任感呢？笔者认为最主要的一点就是承诺的事情一定要做到，让粉丝觉得你能说到做到。

3．让粉丝看到你的价值

对于大多数用户来说，只有在他们看来有价值的账号才值得被推荐。因此，在快手账号的运营过程中，一定要让粉丝看到你的价值。例如，某分享拍照技巧的快手账号经常分享一些简单的拍照技巧，让粉丝在观看后很快能学会，如图 2-19 所示。

图 2-19　某分享拍照技巧的快手账号

2.5.5 福利引流

人都是趋利的，对自己有好处的事情，许多人都会抱着"有便宜不占白不占"的想法。正因如此，如果能在视频中向快手用户发放一些福利，就有可能快速吸引用户驻足围观。

需要说明的是，这里所说的福利包含的范围比较广，只要是对快手用户有益处的都算。你既可以发放一些实物奖励，让福利看得见，摸得着；也可以分享一些稀有的资源，满足快手用户的好奇心。

如图 2-20 为利用抽奖福利进行引流。大家可以看到，该快手运营者将"抽奖"或"福利"两个字直接放在了视频封面上，点击封面之后，就可以看到具体的福利信息。

图 2-20　利用抽奖福利引流

2.5.6 评论引流

对于运营者而言，评论引流主要有两种方式，分别是评论热门短视频引流和回复用户评论引流，下面笔者分别进行说明。

1. 评论热门短视频引流

相关数据显示，快手上的账号定位几乎覆盖了目前所有准入的细分行业。因此，运营者可以关注相关行业账号或同领域的相关账号，并有选择性地在它们的热门短视频下进行评论，在评论中打一些软广告，吸引它们的部分粉丝关注你的账号。

例如，卖健身器材的账号可以关注一些热门的减肥账号，因为减肥和健身器材是互补的关系，关注减肥账号的用户会很乐意购买你的健身器材。

此外，运营者可以在网红或同行的短视频下进行评论，评论的内容也很简单，组织一些软广告语言即可。在笔者看来，评论热门短视频引流主要有两种方法。

（1）评论网红的短视频。网红作品自带极大的流量，其评论区是运营者最好的引流之地。

（2）评论同行的短视频。同行作品流量可能不及网红作品，但运营者在其评论区引流，可获得精准粉丝。具体来说，做瘦身产品的运营者，在视频平台上搜索服装、服饰类关键词，即可找到很多同行的热门短视频，如图2-21所示。运营者只需要在热门短视频中评论："××产品用料扎实，穿上后非常舒适。"用户就会对该产品表现出极大的兴趣。如图2-22所示，为某服装销售者在热门服装短视频中的评论。

图2-21 服装类短视频

图2-22 某服装销售者的评论

运营者可以参考上面两种方法，学会融会贯通是最好的。不过，运营者需要注意评论的频率和话术，具体来说就是运营者评论不能过于频繁，以免被举报；另外，运营者评论的内容绝不能千篇一律，更不能带有敏感词和违规信息。

运营者通过评论网红或大咖的热门短视频进行引流，需要注意一些诀窍。

（1）运营者可以登录小号，在热门作品下进行评论，评论内容可以这么写：想看更多精彩内容，请点击@大号。另外，小号的头像和个人简介等资料，这些都是用户第一眼能看到的东西,因此要尽量给人很专业的感觉。

（2）运营者也可以登录大号,直接在热门作品评论区评论:想要看更多有趣的短视频请点我。需要注意的是,短视频大号不要频繁操作,建议一小时内评论 2~3 次即可,运营者评论太频繁可能会被系统禁言。运营者这么做的目的是直接引流,把其他人热门作品里的用户流量引入自己的作品中。

2. 回复用户评论引流

在自己短视频的评论区,运营者看到的用户都是自己的精准粉丝,都是有潜在变现能力的用户。当然,运营者还可以在短视频评论区回复其他人的评论,通过评论内容直接进行引流,如图 2-23 所示。

图 2-23　评论区人工引流

2.5.7　SEO 引流

SEO（Search Engine Optimization,搜索引擎优化）是指通过对内容的优化获得更多流量,从而实现自身的营销目标。说起 SEO,很多人首先想到的可能就是搜索引擎的优化,如百度平台的 SEO。其实 SEO 不只是搜索引擎独有的运营策略,快手短视频也可以进行 SEO 优化。比如,我们可以通过对快手短视频的内容运营,实现内容霸屏,让相关内容获得快速传播的机会。

快手短视频 SEO 优化的关键就在于视频关键词的选择,而视频关键词的选择又可细分为两个方面,即视频关键词的确定和使用。

1. 视频关键词的确定

用好关键词的第一步就是确定合适的关键词。通常来说，关键词的确定主要有以下两种方法。

1）根据内容确定关键词

什么是合适的关键词？笔者认为，它首先应该是与快手账号的定位和短视频内容相关的，否则用户即便看到了短视频，也会因为内容与关键词不对应而直接滑过，这样一来，选取的关键词就没有太多积极意义了。

2）通过预测选择关键词

除了根据内容确定关键词之外，运营者还需要学会预测关键词。用户在搜索时所用的关键词可能会呈现阶段性的变化。具体来说，许多关键词的搜索量会随着时间的变化而具有不稳定的升降趋势。因此，运营者在选取关键词之前，需要先预测用户搜索的关键词。下面笔者从两个方面介绍如何预测关键词。

社会热点新闻是人们关注的重点，当社会新闻出现后，会随之出现一大拨新的关键词，搜索量高的关键词就叫热点关键词。因此，运营者不仅要关注社会新闻，还要会预测热点，抢占最有利的时间预测出热点关键词，并将其用于快手短视频中。下面笔者介绍一些预测热点关键词的方向，如图 2-24 所示。

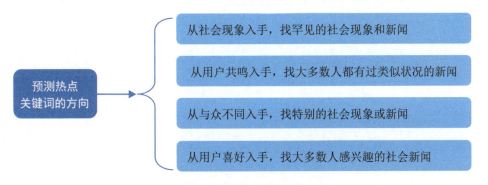

图 2-24 预测热点关键词的方向

除此之外，即便搜索同一类物品，快手用户在不同的时间段所选取的关键词仍可能有一定的差异性。也就是说，用户在搜索关键词的选择上可能会呈现一定的季节性。因此，运营者还需要根据季节性，预测用户搜索时可能会选取的关键词。

值得一提的是，关键词的季节性波动比较稳定，主要体现在季节和节日两方面，如用户在搜索服装类内容时，可能会直接搜索包含四季名称的关键词，如春装、夏装等；节日关键词可能会包含节日名称，即春节服装、圣诞装等。

季节性关键词预测还是比较容易的，快手运营者除了可以从季节和节日名称上进行预测外，还可以从以下几方面进行预测，如图 2-25 所示。

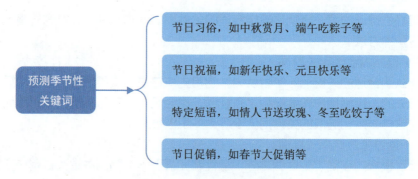

图 2-25　预测季节性关键词

2．视频关键词的使用

在添加关键词之前，运营者可以通过查看朋友圈动态、微博热点等方式，抓取近期的高频词汇，将其作为关键词嵌入快手短视频中。需要特别说明的是，运营者统计出近期出现频率较高的关键词后，还需了解关键词的来源，只有这样才能让关键词用得恰当。如图 2-26 所示为 2020 年 2 月底某一天的微博热搜关键词。

图 2-26　微博热搜关键词

除了选择高频词汇之外，运营者还可以通过在快手账号介绍信息和在短视频文案中增加关键词使用频率的方式，让内容尽可能地与自身业务直接联系起来，从而给用户一种专业的感觉。

第 3 章
外部引流：
利用其他平台获取流量

学前提示　有的快手运营者可能已经拥有了一定的粉丝量，但是目前却处于粉丝量缓速增长阶段。此时，运营者便可以利用其他平台获取流量的方式，让自己的快手账号快速地成长为一个大号。

从零开始做快手电商：引流涨粉＋直播带货＋橱窗小店＋广告盈利

3.1 社交平台引流

许多热门社交平台中都聚集了大量的用户。而对于运营者来说，这些社交平台就潜藏着大量的潜在粉丝，如果能够通过一定的方法将这些社交平台的流量引至快手，便可以直接实现粉丝量的快速增长。

面对用户量异常庞大的微信，运营者怎么将微信用户转化为快手用户呢？笔者这一节要讲的就是微信平台引流的问题。而微信平台引流主要可以从3个方面进行，一是微信社群引流，二是朋友圈引流，三是公众号引流。在本节的内容中，将分别对它们进行说明。

3.1.1 微信社群引流

虽然用户进入粉丝群之后不一定会去聊天，但是确实有很多人很想进群，因为群里通常会分享很多内容。所以，运营者可以结合粉丝的需求，用粉丝社群来提升自身的带货能力。

笔者为什么鼓励大家去运营社群？因为运营社群有以下3个好处。

（1）引爆流量。为什么运营社群能引爆流量呢？比如，某运营者组建一个短视频交流群，他可以设置一个进群的条件：转发朋友圈、推荐某人进群或转发朋友圈可免费进群。这些想进群的人瞬间就成了社群宣传员，而社群也就实现了裂变传播。

这种裂变可以快速地招揽粉丝，并且都是精准粉丝。如果运营者想组建这种社群，只需要从朋友圈中找100个人，这100个人就可能帮你裂变出500个人，然后这500个人后期还会裂变、再裂变。这种持续的裂变，可能会让社群在短短的两三个月内从100人拓展到5000人。

（2）容易获取精准用户。每个社群都有它的主题，而社群成员也会根据自身的目的选择自己需要的社群。所以，一旦他（她）选择进入运营者的社群，就说明他（她）对你社群的主题内容是有需求的。既然是对社群的主题内容有需求，那他（她）自然就是精准用户了。

（3）快速变现。既然这些进群的都是对主题内容有需求的精准用户，那么运营者只需解决他们的需求，获得他们的信任，就可以快速实现变现了。

当然，社群的种类是比较丰富的，每个社群能达成的效果都不尽相同。那么，我们可以加入和运营哪些社群呢？下面笔者就来回答这个问题。

1. 建立大咖社群

大咖都是有很多社群的，毕竟大咖的粉丝量是比较庞大的，而且每天要做的事情也比较多，没有时间和精力私聊。所以，他们通常会通过社群与自己的粉丝进行沟通。

对于大咖社群，我们可以从两个方面进行运营：一方面，当运营者拥有一定名气时，可以将自己打造成大咖，并建立自己的大咖社群；另一方面，当运营者名气不够时，可以寻找一些同领域的大咖社群加入，从中获得一些有价值的内容。而且，这些社群中有一部分可能就是潜在用户，运营者可以与这些人产生联结，为后续带货做好铺垫。

2. 建立自己社群

自建社群，简而言之就是创建属于自己的社群。运营者可以创建社群的平台有很多，除了常见的微信群之外，我们还可以用 QQ 群等。

社群创建之后，运营者需要通过多渠道进行推广，吸引更多人进群，增加社群的人数和整体影响力。在推广过程中，可以将社群作为引诱点，吸引精准用户加入。比如，做母婴社群的，可以将"想进母婴社群的联系我"作为一个引诱点。

笔者曾经在百度贴吧上做过测试，通过这种引诱点的设置，在短短两天的时间里，就吸引了 1000 人加群。这还只是百度贴吧吸引的粉丝量，如果再在其他平台一起宣传，那吸引的粉丝量就非常可观了。

3. 建立平台社群

平台社群既包括针对某个平台打造的社群，也包括就某一方面的内容进行交流的平台打造的社群。

平台社群其实是比较好运营的，因为社群里很少有"大V"长时间服务。即使这些群邀请来了大咖，他们也只会在对应的课程时间内分享内容，时间一过基本上就不再说话了。

但是，运营者可以在群里长期服务，和群员混熟。笔者之前加入了某官方社群，和群员混熟之后，笔者分享了一条引流信息，便有 300 多人添加微信。

平台社群有非常丰富的粉丝资源，运营者需要合理运用。当然，在平台社群的运营中，我们还需要服务得高端一点——在对群成员进行服务时，要尽可能显得专业一点，产出的内容要有价值，要让社群成员在看到分享的内容之后产生需求。

4. 提供社群服务

服务社群就是将已进行了消费的人群聚集起来，提供相关服务的社群。比如，某运营者建了一个顾客群，把在母婴店里买过产品的人都拉进来，通过在群里提供服务，可以拉近与用户之间的关系，促成用户的二次消费。

这类社群中的社群成员通常有两个特点，一是已经有过了一次消费，普通的产品宣传很难让他们提起兴趣，二是在加入社群之后，他们可能不太愿意主动在群里与运营者进行沟通。

因此，这类社群更多是在店铺促销时作为一种助力来使用。比如，在店铺有打折优惠活动时，可以将相关信息发布到社群中，吸引社群成员围观活动，购买相应的产品。

3.1.2 朋友圈引流

对于快手运营者来说，虽然朋友圈一次传播的范围较小，但是从对接收者的影响程度来说，却具有其他一些平台无法比拟的优势，具体如下。

（1）用户黏性强，很多人每天都会翻阅朋友圈。

（2）朋友圈好友间的关联性强、互动性强、可信度高。

（3）朋友圈用户多、覆盖面广、二次传播范围大。

（4）朋友圈内转发和分享方便，易于短视频内容传播。

那么，在朋友圈中进行短视频推广，快手运营者该注意什么呢？在笔者看来，有3个方面是需要重点关注的，具体分析如下。

（1）运营者在拍摄视频时要注意开始拍摄时画面的美观性。因为推送给朋友圈的短视频，是不能自主设置封面的，它显示的就是开始拍摄时的画面。当然，运营者也可以通过视频剪辑的方式保证推送短视频"封面"的美观度。

（2）运营者在推广短视频时要做好文字描述。因为一般来说，呈现在朋友圈中的短视频，好友第一眼看到的就是其"封面"，没有太多信息能让用户了解该视频内容，因此在发布短视频之前，要把重要的信息放到"封面"，如图3-1所示。

图3-1 做好重要信息的文字描述

（3）运营者利用短视频推广商品时要利用好朋友圈的评论功能。朋友圈中的文本如果字数太多，是会被折叠起来的，为了完整地展示信息，运营者可以将重要信息放在评论里进行展示,这样就会让浏览朋友圈的人看到推送的有效文本信息,这也是一种比较明智的推广短视频的方法。

3.1.3 公众号引流

微信公众号,从某一方面来说,就是个人或企业等主体进行信息发布并通过运营来提升知名度和品牌形象的平台。

快手运营者如果要选择一个用户基数大的平台来推广短视频内容,且期待通过长期的内容积累构建自己的品牌或者个人影响力,那么微信公众平台就是一个理想的传播平台。

在微信公众号上,运营者如果想要借助短视频进行推广,可以采用多种方式来实现,其中使用最多的有两种,即"标题+短视频"形式和"标题+文本+短视频"形式。图3-2所示为在微信公众号平台进行短视频推广引流的案例。

图3-2 在微信公众号平台进行短视频推广的案例

运营者不管采用哪种形式,二者都是能清楚地说明短视频内容和主题思想的推广方式,且在借助短视频进行推广时,并不局限于某一条短视频的推广,如果快手运营者打造的是有着相同主题的短视频系列,还可以把多条视频组合在同一篇文章中联合推广,这样更有助于受众了解短视频及其推广的主题。

3.2 资讯平台引流

除了上一章讲述的快手内部引流外,还可以利用其他资讯平台进行引流,笔者在这一节举例分析如何利用资讯平台进行引流,希望能帮到大家。

3.2.1 百度引流

百度作为中国网民经常使用的搜索引擎之一，毫无悬念地成为互联网 PC 端强劲的流量入口。尤其是对于有自己产品的运营者或者是企业机构来说，利用百度引流不失为一种好的引流方式。

具体来说，运营者借助百度推广引流主要可从百度百科、百度知道和百家号这 3 个平台切入。接下来笔者分别对这 3 种引流方式进行解读。

1. 百度百科引流

百科词条是百科营销的主要载体，做好百科词条的编辑对运营者来说至关重要。百科平台的词条信息有多种分类，但对于运营者引流推广而言，主要的词条形式包括 4 种，具体如下。

（1）行业百科。运营者可以以行业领头人的姿态，参与行业词条信息的编辑，为想要了解行业信息的用户提供相关行业知识。

（2）产品百科。产品百科是消费者了解产品信息的重要渠道，能够起到宣传产品甚至促进消费者购买并使用产品等作用。

（3）企业百科。快手运营者所在企业的品牌形象可以通过百科进行表述，某些知名汽车品牌在这方面就做得十分成功。

对于运营者引流推广而言，适合百度百科引流的是快手中的企业号，而企业号比较适合的词条形式无疑是企业百科。如图 3-3 所示为百度百科中关于北京快手科技有限公司的相关内容，它采用的便是企业百科的形式。

图 3-3　北京快手科技有限公司的企业百科

在该百科词条中,首先对"北京快手科技有限公司"进行了介绍,很好地引起了搜索者的兴趣,提高了该品牌曝光率。而且百度百科还有目录,用户可以根据目录查看自己想看的内容,带着目的去寻找答案,这样不仅节省了用户的时间,还不会让用户产生"懒得看"的心理。

(4)特色百科。特色百科涉及的领域十分广阔,例如名人可以参与自己相关词条的编辑。

2. 百度知道引流

百度知道在引流和营销方面,具有很好的信息传播和推广作用,快手运营者尤其是有自己产品的运营者或者企业机构,利用百度知道平台,通过问答的社交形式,可以快速、精准地定位客户。百度知道在引流推广上具有两大优势:精准度和可信度高。这两大优势能形成口碑效应,对引流推广来说显得尤为珍贵。

通过百度知道来询问或作答的用户,通常对问题涉及的东西有很大兴趣。比如,有的用户想要了解"哪些饮料比较好喝",部分饮料爱好者可能会推荐自己喜欢的饮料,提问方通常也会接受推荐去试用。

百度知道是快手引流的重要平台,因为它的推广效果相对较好,能为企业带来直接的流量和有效的外接链。基于百度知道而产生的问答营销,是一种新型的互联网互动营销方式,问答营销既能为快手运营者植入软性广告,也能通过问答来挖掘潜在用户。图3-4所示为某手机在百度知道中的相关问答信息。

图3-4 某手机在百度知道中的相关问答信息

从零开始做快手电商：引流涨粉＋直播带货＋橱窗小店＋广告盈利

一般来说，百度问答上的回答可能不止一个，而且有的回答非常认真和全面，很值得借鉴。像图3-4中的这个问答信息中，不仅提高了某品牌手机在用户心中的认知度，更重要的是对该品牌手机的相关信息进行了比较详细的介绍，甚至有的回答者会添加视频答案，增加搜索者的兴趣。

运营者也可以沿用这一模式，即对于百度知道中提出的有关快手的问题进行解答，在解答过程中可以添加自己的快手信息，从而吸引用户前往快手平台搜索关注自己的账号。

3. 百家号引流

百家号是百度旗下的一个自媒体平台，于2013年12月正式推出。运营者入驻百度百家号平台后，可以在该平台上发布文章，然后平台会根据文章阅读量的多少给予运营者相应的酬金，与此同时，百家号还以百度新闻的流量资源作为支撑，能够帮助运营者进行账号推广，提升流量。

百家号上涵盖的新闻有5大模块，即科技、影视娱乐版、财经版、体育版和文化版。而且百度百家平台排版十分清晰明了，用户在浏览新闻时非常方便。在每个新闻模块的左边是该模块的新闻，右边是该模块新闻的相关作家和文章排行。

值得一提的是，除了对品牌和产品进行宣传之外，快手运营者在引流的同时，还可以通过内容的发布，从百家号上获得一定的收益。总的来说，百家号的收益主要来自3大渠道，具体如下。

（1）广告分成：百度投放广告盈利后采取分成形式。

（2）平台补贴：包括文章保底补贴和"百＋计划"、百万年薪作者的奖励补贴。

（3）内容电商：通过在内容中插入商品所产生的订单量和分佣比例来计算收入。

3.2.2 今日头条引流

今日头条是一款基于用户数据行为的推荐引擎产品，也是短视频内容发布和变现的一个大好平台，可以为消费者提供较为精准的信息内容。今日头条不仅在短视频领域推出了3款独立产品（西瓜视频、抖音短视频、火山小视频），也在自身App上推出了短视频功能。

快手运营者通过今日头条平台发布快手短视频，从而达到引流的目的。下面介绍具体的操作方法。

步骤 01 进入今日头条App，点击"首页"界面右上角的"发布"按钮；再点击"视频"按钮，如图3-5所示。

图3-5 点击"发布"与"视频"按钮

步骤02 进入拍摄界面，运营者可以选择点击下方的圆形按钮直接拍摄，也可以从相册中选择保存在本地的视频进行发布。如果运营者选择保存在本地的视频进行发布，需要点击拍摄界面中的"上传"按钮，进入视频选择界面，选择要发布的视频；点击"下一步"按钮，如图3-6所示。

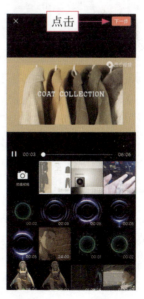

图3-6 选择要发布的视频

步骤 03 执行操作后,运营者可以查看视频内容,将封面、标题、简介等内容补全,如图 3-7 所示。

步骤 04 执行操作后,就进入发布界面,编写文字内容,编写完成后点击"发布"按钮,即可完成操作,如图 3-8 所示。

图 3-7 需要补全的内容

图 3-8 点击"发布"按钮

3.3 视频平台引流

许多视频平台与快手之间或多或少有一些共通之处,这也为快手运营者从视频平台引流到快手提供了一些便利。

其实,视频平台引流的方法都差不多,就是让视频平台的用户知道运营者的快手账号,然后吸引他们去关注该账号,笔者这里以优酷、爱奇艺和西瓜视频为例讲解视频平台的引流。

3.3.1 优酷平台引流

优酷是国内成立较早的视频分享平台,其产品理念是"快者为王——快速播放,快速发布,快速搜索",以此来满足多元化的用户需求,并成为互联网视频内容创作者(在优酷中称为"拍客")的集聚地。

在优酷"拍客"平台上,不管运营者使用的是专业摄像机还是一部手机,也不管你是直接拍摄视频还是将快手等平台发布的短视频进行搬运,只要是喜欢拍视频的人，就可以成为"拍客"。

除了"拍客"频道外，优酷还支持在个人中心上传自己的视频。图 3-9 所示为优酷个人中心页面截图。运营者点击"上传"按钮，就可以上传自己喜欢的视频了。此外，运营者在上传视频时，可以通过对视频进行描述，介绍视频的来源，来吸引用户关注运营者的快手账号。

图 3-9　优酷个人中心页面截图

3.3.2　爱奇艺引流

爱奇艺是一个以"悦享品质"为理念的、创立于 2010 年的视频网站。在短视频发展如火如荼之际，爱奇艺也推出了信息流短视频产品和短视频业务，加入了短视频领域。

一方面，在爱奇艺 App 的众多频道中，有些频道就是以短视频为主导的，如大家喜欢的资讯、热点和搞笑短视频等；另一方面，爱奇艺专门推出了爱奇艺纳逗 App——一款基于个性化推荐的、以打造有趣和好玩资讯为主的短视频应用。

一般来说，短视频平台内容有社交属性、娱乐属性和资讯属性等定位，爱奇艺选择了它的发展方向——娱乐性，无论是爱奇艺 App 的搞笑、热点频道，还是爱奇艺纳逗 App 中推荐的以好玩和有趣为主格调的短视频内容，都能充分地体现出这一属性。

而对于运营者来说，正是因为爱奇艺在某些频道上的短视频业务偏向和专门的短视频 App 开发，让他们找到了推广短视频的平台和渠道。同时，爱奇艺作为我国 BAT（指百度、阿里巴巴和腾讯 3 大互联网公司）旗下的视频网站，有着巨大的用户群体，运营者如果以它为平台进行快手运营推广，通常可以获得不错的效果。

如图 3-10 所示，为爱奇艺的界面截图，用户可以在爱奇艺的个人中心找到"创作中心"选项，然后选择该选项，进入创作中心界面，上传自己的短视频内容。

图 3-10　爱奇艺界面截图

快手运营者可以点击"上传/剪辑"按钮，上传自己准备好的视频，最好是在快手上首发的短视频，并且向大家介绍自己的快手，如果大家喜欢这个视频的话，自然就会去快手上搜索，然后关注你，这样就达到为快手账号引流的目的了。

当然，在爱奇艺上也可以直接拍摄和剪辑视频，因为笔者此处主要讲的是引流，所以对其他的不做具体介绍。此外，爱奇艺自带的拍摄和剪辑功能也比较简单，运营者只需要按照提示的步骤操作就可以。

3.3.3　西瓜视频引流

西瓜视频 App 是今日头条旗下的独立短视频应用，也可以将它看作今日头条平台上的一个内容产品，其推荐机制与头条号的图文内容并无太大差别——都是基于机器推荐机制来实现的。通过西瓜视频平台，快手运营者可以轻松地向大家推广和分享优质视频内容。

基于西瓜视频与今日头条平台的关联，运营者可以通过今日头条平台后台进行短视频的运营和推广。而通过今日头条平台后台的西瓜视频发表和推广短视频，具有多方面的优势，具体分析如下。

1）利用合辑功能

"发表合辑"是为适应视频内容的发展而推出的新功能，指的是视频集合，当然，这种集合并不是简单地把多个视频组合在一起，而是对已发表的视频内容进行重新组织和整理之后的集合，是具有自己思想的、有固定主题的视频集合的发表。

因此，运营者可以把有着相同主题的一系列短视频进行整理，再设置一个吸引人眼球的主题名称，这样就能吸引众多用户观看自己的短视频，最终实现品牌和产品的推广。

2）设置金秒奖

通过今日头条后台的西瓜视频发布的短视频，还可以参与金秒奖。一般来说，出现在"金秒奖"频道首页的内容，都有较高的流量，有些视频的播放量更是高达百万。即使参与评选之后，并没有获得相关奖项，也能通过与"金秒奖"这一短视频行业的标杆事件发生关联而增色不少。

因此，运营者可以发表自己制作的高质量的短视频内容参与金秒奖。当然，这里的质量主要包括两个层面的内容，一是所呈现的视频内容的质量，二是拍摄、制作的视频在图像、音效和字幕等多个方面的质量。只有高质量的短视频作品，才能在众多参赛作品中获胜，从而吸引大量用户点击观看，更好地对品牌和产品进行推广。

3.4 音频平台引流

音乐和音频的一大特点是，只要有听众就可以传达消息。正因如此，音乐和音频平台始终都有一定数量的受众。而对于快手运营者来说，如果将这些受众好好地利用起来，从音乐和音频平台引流到快手中，便能实现账号粉丝数量的快速增长。

3.4.1 音频引流

音频内容的传播适用范围更加多样，听众在跑步或开车甚至工作等多种场景中，都能收听音频节目。因此，音频相比视频来说，更能满足人们的碎片化需求。对于快手运营者来说，利用音频平台来宣传账号和短视频，是一条很好的营销思路。

音频营销是一种新兴的营销方式，它是以音频为内容的传播载体，通过音频节目运营品牌，推广产品。随着移动互联的发展，以音频节目为主的网络电台迎来了新机遇，与之对应的音频营销也得到进一步发展。音频营销的特点具体如下。

（1）闭屏特点：闭屏特点能让信息更有效地传递给用户，这对品牌、产品推广营销而言更有价值。

（2）伴随特点：相比视频、文字等载体而言，音频具有独特的伴随属性，只需收听即可。

比如，蜻蜓 FM 是一款强大的收听广播的应用平台，用户可以通过它收听国内、海外数千个广播电台。蜻蜓 FM 相比其他音频平台，具有以下功能和特点。

（1）跨地域：在连接数据的环境下，可以全球广播自由选。

（2）免流量：用户可以通过硬件 FM 免流量收听本地电台。

（3）支持点播：新闻、音乐、娱乐以及有声读物等自由点播。

（4）内容回听：不再受直播的限制，错过的内容可以回听。

（5）节目互动：用户通过蜻蜓 FM 可以与喜欢的主播实时互动。

在蜻蜓 FM 平台上，用户可以直接通过搜索栏寻找自己喜欢的音频节目。对此，运营者只需根据自身内容，选择热门关键词，将它作为标题便可将内容传播给目标用户。如图 3-11 所示，笔者在"蜻蜓 FM"平台搜索"快手"后，便出现了多个与之相关的节目。

图 3-11 "蜻蜓 FM"中"快手"的搜索结果

运营者应该充分利用用户碎片化需求，通过音频平台来发布产品信息广告。一方面，音频广告的营销效果相比其他形式的广告要好，向听众群体投放的广告更精准；另一方面，音频广告的运营成本低廉，十分适合本地中、小型企业进行长期推广。

例如，制作餐饮类短视频的快手运营者，可以与"美食"相关的音频节目组进行合作。因为这些节目通常有大批关注美食的用户收听,广告的精准度高,达到的效果也非常好。

3.4.2 音乐引流

音乐平台众多,现以 QQ 音乐、网易云音乐为例,说明如何应用音乐平台引流。

1. QQ 音乐引流

QQ 音乐是国内比较具有影响力的音乐平台之一,许多人都会将 QQ 音乐作为必备的 App 之一。在"QQ 音乐排行榜"中设置了各类"排行榜",用户只需点击进去,便可以看到许多热门歌曲,如图 3-12 所示。

图 3-12 QQ 音乐排行榜

因此,对于运营快手的创作型歌手来说,只要发布自己的原创作品,且作品在快手上传唱度比较高,作品就有可能在"排行榜"中霸榜。而 QQ 音乐的用户在听到"排行榜"中的作品之后,如果觉得很不错,就有可能去关注创作者的快手账号,这便能为创作者带来不错的流量。

对于大多数普通快手运营者来说,虽然自身可能没有独立创作音乐的能力,但也可以将进入"排行榜"的歌曲作为短视频的背景音乐。运营者选取音乐时也有一定的技巧，尽量选取 QQ 音乐排行榜与快手热榜相重叠的音乐。如果运营者的短视频将对应的歌曲作为背景音乐，便有可能进入这些 QQ 音乐用户的视野，这样一来便可借助背景音乐获得一定的流量。

2. 网易云音乐引流

据官方说法："网易云音乐是一款专注于发现与分享的音乐产品，依托专业音乐人、DJ（Disc Jockey，打碟工作者）、好友推荐及社交功能，为用户打造全新的音乐生活。"网易云音乐的目标受众是有一定音乐素养的、有较高受教育水平以及不错收入水平的年轻人，这和快手上的音乐受众有明显的重合，因此网易云音乐也是快手引流的音乐平台。

快手运营者可以利用网易云音乐的音乐社区和评论功能，对自己的快手账号进行宣传和推广。例如，某网红歌手就非常善于利用网易云音乐进行引流，她在网易云上发布的歌曲有很多，包括《佛系少女》《世间美好与你环环相扣》《左手》《玻璃糖》等。

该网红歌手在网易云音乐平台中对这些歌的宣传也做出了很多努力，她通过在歌曲评论区和粉丝进行深度互动，推广自己的短视频账号，吸引他们使用自己演唱的歌曲作为背景音乐拍摄短视频。如图 3-13 所示，为该网红歌手在网易云音乐平台上发布动态，宣传自己的新歌。

图 3-13　某网红歌手在网易云音乐上推广新歌

同时，该网红歌手本身又是一个快手的运营者。因此，随着越来越多人在快手中将她演唱的歌曲作为短视频的背景音乐，她在微信短视频的影响力也越来越大，在快手中获得的粉丝也越来越多。

3.5 线下平台，推广联动

除了线上的各大平台外，线下平台也是快手引流不可忽略的渠道。目前，从线下平台引流到快手主要有 3 种方式，这一节笔者将分别进行解读。

3.5.1 线下扫码引流

在快手中，有一种比较直接的增加账号粉丝数量的方法，那就是通过线下扫码，让进店的消费者或者是路人看到并关注你的账号。

运营者将快手二维码成功保存到相册之后，可以将其打印出来，通过发传单，或者将二维码放置在店铺显眼位置的方式，让快手用户扫码加好友，并关注你的快手账号。

3.5.2 线下拍摄引流

对于拥有实体店的快手运营者来说，线下拍摄是一种比较简单有效的引流方式。通常来说，线下拍摄可分为两种，一种是快手运营者及相关人员自我拍摄，另一种是邀请进店的消费者拍摄。

快手运营者及相关人员自我拍摄短视频时，能够引发过路行人的好奇心，为店铺引流。而短视频上传之后，如果用户对你的内容比较感兴趣，也会选择关注你的快手账号。

而邀请进店的消费者拍摄，则可以直接增加店铺的宣传渠道。让更多用户看到你的店铺及相关信息，从而达到为店铺和快手账号引流的目的。

3.5.3 线下转发引流

如果单纯邀请消费者拍摄短视频效果不是很明显，运营者也可以采取另一种策略，那就是在线下的实体店进行转发有优惠的活动，让消费者将拍摄好的短视频转发至微信群和朋友圈等社交平台，提高店铺和快手账号的知名度。

当然，为了提高消费者转发的积极性，快手运营者可以对转发的数量以及转发后的点赞数等给出不同的优惠力度。这样，消费者为了获得更大的优惠力度，自然会更卖力地进行转发，而运营者也会取得更好的引流效果。

3.6 引流注意事项

引流是变现的必经过程，没有流量就没有人愿意买产品。因此，为了引流，有些人招数频出，有些人剑走偏锋，有些人不择手段。那么，在引流过程中，我们应该避开哪些引流误区？

1. 盲目跟风

有些人是看当下什么火，什么可以大量吸粉，他就跟风做什么内容，完全不考虑自己是否擅长这类内容，也不考虑自己的账号设定是否适合发布这类内容。某企业创始人曾说："站在风口，猪都会飞。"但是猪能够飞起来，肯定是有准备的。同样的道理，快手运营者不应该盲目跟风，要有所准备。

2. 软件刷粉

可以肯定的是，快手之类的软件采用的是智能算法，当你使用第三方软件刷粉或者刷播放量，只不过是利用快手的漏洞做的工具，刷出来的粉丝都是僵尸粉，对于引流来说没有意义，甚至会降低粉丝活跃度，伤害自己的账号。万一快手查询到你恶意刷粉，会将你列入黑名单，这种做法得不偿失。

第 4 章
私域流量：
快速将粉丝导入流量池

学前提示

　　移动互联网和智能手机的普及，以及微信的出现，进一步改变了人们的社交关系，让以熟人关系为主的关系圈子不断延伸，微信也因此成为迄今为止最成功的社交产品。

　　因此，快手运营者可以多渠道拓展自己的引流工作，将粉丝引流至微信等私域流量池，让流量红利最大化。

从零开始做快手电商：引流涨粉＋直播带货＋橱窗小店＋广告盈利

4.1 认识私域流量

如今，在快手短视频平台上，不管是个人运营者，还是企业运营者，大家都越来越感觉到流量红利殆尽，面对用户增长疲软的瓶颈，大部分运营者面临4大难题，如图4-1所示。

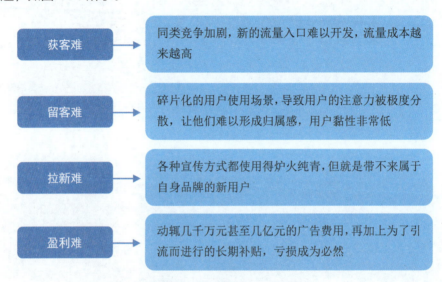

图4-1 流量瓶颈下的难题

很多用户对各种营销引流套路已经产生了"免疫力"，甚至因为对这些营销引流行为觉得厌恶而直接无视之。在这种情况下，运营者获取流量的成本可想而知是相当高的，因此很多快手运营者都遭遇了流量瓶颈。

那么，我们该如何突破这些流量瓶颈带来的难题呢？答案就是做私域流量，通过社群或论坛等渠道，打造自己的专属私域流量池，把自己的核心用户圈起来，让彼此的关系更加持久。

4.1.1 熟悉基本概念

私域流量是相对于公域流量的一种说法，其中"私"指的是个人的、私人的、自己的意思，与公域流量的公开相反；"域"是指范围，这个区域到底有多大；"流量"则是指具体的数量，如人流数或者用户访问量等。

1. 什么是公域流量

公域流量的渠道非常多，包括各种门户网站、超级App和新媒体平台，下面列举一些公域流量的具体代表平台，如图4-2所示。

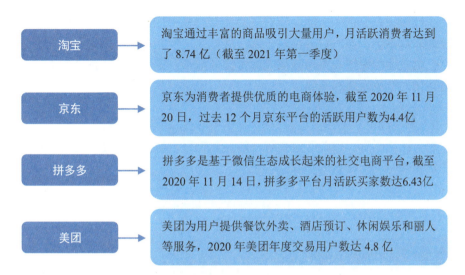

图 4-2 公域流量的具体代表平台和流量规模

从上面这些平台的数据可以看到，这些平台都拥有亿级流量，并且通过流量进行产品销售。它们的流量有一个共同的特点，那就是流量都是属于平台的，都是公域流量。快手运营者在入驻平台后，可以通过各种免费或者付费方式来提升自己的排名、推广自己的产品，从而在平台上获得用户和成交。

快手运营者要在公域流量平台上获得流量，就必须熟悉这些平台的运营规则，具体特点如图 4-3 所示。

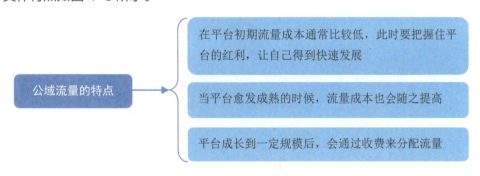

图 4-3 公域流量的特点

因此，不管运营者在快手平台上属于哪个领域，都需要多关注公域流量平台的动态。对那些有潜力的新平台，运营者一定要及时入驻，并采取合适的运营方法来收获平台红利。而如果你在平台的成熟期才进入，那么你就要比别人付出更多的努力和更高的流量成本。

对于企业运营者来说，这些公域流量平台最终都是需要付费的，你赚到的所有的钱都需要分给它们一笔。而对于那些有过成交记录的老客户来说，这笔费用就显得非常不值。当然，平台对于用户数据保护得非常好，因为这是它们的核心资产，企业运营者想要直接获得流量资源非常难，这也是大家都在积极地将公域流量转化为私域流量的原因。

2．什么是私域流量

对于私域流量，目前还没有统一的具体定义，但是私域流量有一些共同的特点，如图4-4所示。

图4-4 私域流量的特点

例如，对于有微博的快手运营者来说，自己的账号上到热门头条后被所有的微博用户看到，这里就是公域流量。而通过自己的动态界面，让自己的粉丝看到微博内容，这就是私域流量，如图4-5所示。

图4-5 微博的个人粉丝是属于自己的私域流量

据悉，截至 2020 年 11 月 19 日，微博的月活跃用户数达到了 5.23 亿，平均日活跃用户数达到 2.29 亿。运营者可以通过微博来积累和经营自己的粉丝流量，摆脱平台的推荐和流量分配机制，从而更好地经营自己的账号，实现个人价值和商业价值。

对于公域流量来说，私域流量是一种弥补其缺陷的重要方式，而且很多平台还处于红利期，可以帮助企业和自媒体人补齐短板。

4.1.2 公域流量的衰退

截至 2020 年 12 月，国内的互联网用户数量已经接近 10 亿，这与国内总人口数量非常接近，可以说，每个人都已经身处网络之中了，公域流量已经趋于饱和状态。央视新闻的数据显示，截至 2020 年 12 月，我国移动互联网用户规模已经达到 9.89 亿，互联网普及率达 70.4%，如图 4-6 所示。

图 4-6　我国移动互联网月活跃用户规模

然而，各行业的竞争却在不断加剧，流量获取成本不断上涨，获客越来越难。正所谓穷极思变，运营者们可以努力去改变思路，去挖掘更多的新流量，想方设法去提升已有流量的价值。于是，私域流量开始流行，成为众人追捧的对象。

私域流量之所以能够火爆，是因为公域流量开始衰退。例如，某个餐厅开在一条人流量非常大的商业街上，这条商业街每天的人流量可以达到 2 万人，其中有 5% 的人会看到这个餐厅，也就是 1000 人。1000 人中又有 20% 的人会停下来看一看门口的菜单和价格表，也就是 200 人。200 人中最后真正进店吃饭的可能只有 10%，也就是 20 人。因此，即使这条商业街的人流量非常大，但餐厅最终得到的顾客只有 20 人，仅占总人流量的 0.1%。

从这个案例中，我们可以看到公域流量的一些操作特点和问题。

（1）引流方法：餐厅可以通过打折促销活动吸引顾客进店消费。

（2）流量特征：用户是一次性的、随机性的消费，流量不可控。

（3）支付成本：要想让餐厅被更多人看到，商家就需要租一个好的地段，这样租金肯定更高，因此获客成本和运营成本都比较高。

例如，阿里巴巴 2013 年的获客成本为每人 50.89 元，到了 2019 年，获取一名新用户的成本已经涨到了 500 多元，6 年间涨幅近 9 倍。因此，从电商平台到新媒体平台，私域流量模式已经开始爆发。

所以，大家一定要善于打造个人品牌或 IP（Intellectual Property，知识产权），将各种公域流量导入自己的个人微信号中，同时通过社群来运用这些私域流量，培养与粉丝的长久关系，让自己的生意和事业能够保持长青。

4.1.3 私域流量商业价值

打造私域流量池，就等于你有了自己的"个人财产"，这样你的流量会具有更强的转化优势，同时也有更多的变现可能。下面介绍私域流量模式的商业价值，探讨这种流量模式对于大家究竟有哪些好处。

1. 让营销成本直线降低

以往我们在公域流量平台上做了很多付费推广，但并没有与这些用户产生实际关系。例如，运营者在快手平台想要通过参与各种营销活动来获取流量，就需要交纳各种保证金，如图 4-7 所示。但是，即使商家通过付费推广来获得流量，也不能直接和用户形成强关系，用户在各种平台推广场景下购买完商家的产品后，会再次回归平台，所以这些流量始终还是被平台掌握在手中。

图 4-7　保证金系统

其实，这些付费推广获得的用户都是非常精准的流量。运营者可以通过用户购买后留下的个人信息，如地址和电话号码等，再次与用户接触，甚至可以通过微信来主动添加他们，或者将他们引导到自己的社群中，然后再通过一些老客户维护活动来提高他们的复购率。

同时，这些老客户的社群也就成为商家自己的私域流量池，而且商家可以通过朋友圈的渠道来增加彼此的信任感，有了信任就会有更大的成交量。这样，运营者以后不管是推广新品还是做清仓活动，这些社群就成为一个免费的流量渠道，这样就不必再去做付费推广了。

因此，只要运营者的私域流量池足够大，是完全可以摆脱对平台公域流量的依赖的，这也让运营者获取流量的成本大幅降低了。

除了电商行业之外，对于实体店来说道理也是相同的，运营者也可以通过微信扫码领优惠券等方式来添加顾客的微信。这样，运营者在以后开展活动或者上新时，可以通过微信或社群主动联系顾客，或者发朋友圈来展示产品，增加产品的曝光量，从而获得更多的免费流量。

例如，在交互性强、互联网大爆炸的时代，某传统企业进行了一次史无前例的组织变革，目标是将僵硬化的组织转变为社交性强的网络化组织，该企业不仅在快手上直播带货，吸引流量，还建立了一个社群型组织。

该企业的社群运营核心是"情感"，但对企业运营者来说，"情感"是一个与用户进行价值对接的界面，并不能与社群用户产生黏度非常高的衔接，毕竟"情感"往往是脆弱的，容易被击破。

然而，海尔看清了这一点，在快手评论区、直播间和社群中与粉丝互动，让粉丝不再只是粉丝，还是参与者和生产者，是真正与品牌有连接的、与品牌融合的一部分。其中，"柚萌"就是由该企业运营者发起的、以实现更美好的智慧家居生活体验为宗旨的社群，如图4-8所示。

对于用户个人而言，可通过社群轻松地与企业交流，通过有效的推荐机制能迅速找到好的产品及众多实用资讯；对企业及其快手运营者而言，私域流量下的社群可以节省大量的推广费用，好的产品会引发社群用户的自发分享行为，形成裂变传播效应。同时，企业运营者可以通过运营私域流量与用户深入接触，更加了解用户的需求，打造更懂用户的产品。

2. 让投资回报率大幅提升

公域流量有点像大海捞针，大部分流量其实是不精准的，会被白白浪费，因此公域流量的整体转化率非常低。而这种情况在私域流量平台是可以很好地规避掉的，私域流量通常都是关注你的潜在用户，不仅获客成本非常低，这些平台的转化率也极高。

图 4-8　海尔 U +"柚萌"社群

结果显而易见,既然用户都加入了快手运营者的私域流量池,那么他们必然比在公域流量池的用户有更大的消费意愿,商家更容易与他们完成成交,所以私域流量的投资回报率自然更高。

3. 避免已有的老用户流失

除了拉新外,私域流量还能够有效避免已有的老用户流失,让老用户的黏性翻倍,快速提升老用户复购率。在私域流量时代,快手运营者不能仅仅依靠产品买卖来与用户产生交集,如果只做到了这一步,那用户一旦发现品质更好、价格更低的产品,他们会毫不留情地抛弃运营者的产品。

因此,在产品之外,快手运营者要与用户产生感情的羁绊,打造出强信任关系。要知道人都是感性的,光有硬件的支持是难以打动用户的;再者,用户更多注重的是精神层面的体验。

我们要想打造、打响自身品牌,推销产品,就应该在运营私域流量时融入真情实感,用情感来感化用户,重视情感因素在营销中的地位。最重要的是,了解用户的情感需求,引起其共鸣,并使得用户不断地加深对企业和产品的喜爱之情。

也就是说,私域流量绝不是一次性的成交行为,用户在买完产品后,还可能会给快手运营者的产品点赞,甚至会参加一些后期的活动,来加深彼此的关系。在这种情况下,即使竞争者的产品价格更低,用户也不会轻易抛弃运营者。

4. 对塑造品牌价值有帮助

塑造品牌是指企业运营者通过向用户传递品牌价值来得到用户的认可和支

持，以达到维持稳定销量、获得良好口碑的目的。

通常来说，塑造品牌价值需要企业运营者倾注很大的心血，因为打响品牌不是一件容易的事情，市场上生产产品的企业和商家千千万万，但能被用户记住和青睐的却只有那么几家。

品牌具有忠诚度的属性，可以让用户产生更多信任感。品牌通过打造私域流量池，可以让品牌与用户获得更多接触和交流的机会，同时为品牌旗下的各种产品打造一个深入人心的形象，然后让用户为这些产品蜂拥而上，成功地打造爆品。

4.2 两大私域流量引流方式

虽然快手平台表面上只是短视频 App，但它有强大的电商能力，一度成为公认的带货利器，如"小猪佩奇""网红蜘蛛侠"等产品，曾出尽风头，成为爆款。

随着流量的碎片化趋势越来越严重，快手这些拥有巨大流量的短视频平台，成为电商引流的"新营销天地"。下面笔者介绍常用的两大私域流量引流方式。

4.2.1 邀请网红合作引流

快手短视频平台上有很多知名网红，运营者可以找这些人进行付费合作，邀请他们拍摄短视频，并在短视频内容中投放广告，为店铺或产品引流。据悉，百万粉丝的网红，单条广告报价在几十万元左右，收入非常可观。不仅仅是"大V"，就算是小网红，带货量也是非常高的，比如服装类，大多都是像街拍这种 IP 带货。

目前来看，这种引流方式见效非常快，非常适合打造爆款。不过，由于网红同样具有明星效应，因此他们在选择商品时，对产品品质的要求会比较高，广告费用也相对高昂，因此对于低单价的产品，运营者需要考虑投资回报率。

需要注意的是，运营者在找网红合作时，尽量找与自己店铺业务相关的网红，这样带来的流量会更加精准，转化率也会更高，也更容易将流量引至社群。例如，卖服装的运营者可以找服装领域的网红合作，让他们成为运营者的服装模特，这样获得的流量都是喜欢服装的人，他们很有可能会下单购买，甚至会添加运营者主页的微信号，成为私域流量池中的一员，如图 4-9 所示。

专家提醒

千万要注意合作的网红不能有负面新闻，负面新闻缠身的网红虽然关注度高，但经济价值低，而且会损害运营者的形象。因此，运营者应尽可能找一些口碑好、形象佳的网红进行合作。

图 4-9 与网红合作引流案例

4.2.2 利用账号引流

对于运营者来说，引流就代表着流量，就代表有销售量的产生。除了找网红合作推广产品之外，运营者也可以在快手等短视频平台上自建店铺，在受众活跃的短视频内容领域，打造自己的 IP 账号，努力成为 KOL（Key Opinion Leader，关键意见领袖），靠自身吸引力打造一个私域流量池。

例如，某运营者发布娱乐新闻，分享最新最潮的影视剧，但实际上他是一个贩卖零食的商家，粉丝有 97.3 万，他做短视频的目的是把用户引导到自己的快手小店，如图 4-10 所示。

运营者在快手平台上打造好个人 IP 后，所吸引的流量都是精准流量，且转化起来也非常容易，但难就难在 IP 运营上，如果只是单纯地在快手上输出内容，这样很难在众多快手账号中脱颖而出，也很难实现流量的沉淀。

但是，从长远来看，自己打造 IP 引流要好于去找网红合作，每个商品都有自己的品牌名，运营者也要有自己的专属关键词，这样别人才能够记住你。

图 4-10　快手小店引流

4.3　分析产品特点

私域流量要想实现变现，最终还是需要产品进行承接，因此这种流量模式非常适合做品牌商家的运营者。如在线课程、食品水果、日用百货、数码家电、母婴玩具、服装鞋包、餐饮外卖、生活服务以及文化、旅游等，这些行业都比较适合私域流量模式。那么，适合做私域流量模式的产品或服务有哪些具体的特点呢？

4.3.1　消费频次高、复购率高

前面介绍过，私域流量有一个显著的特点，那就是"一次获取，反复利用"。因此，运营者可选择一些消费频次和复购率都比较高的产品，吸引用户长期购买，增强老用户黏性。具体的产品类型，如图 4-11 所示。

在私域流量模式下，运营者的大部分利润来自老用户，所以运营者要不断地提升产品竞争力、品牌竞争力、服务竞争力和营销竞争力，促进用户的二次购买，甚至实现长期合作。

要做到这一点，关键就在于货源的选择，运营者必须记住一句话，那就是"产品的选择远远大于盲目的努力"。因此，运营者要尽可能选择一些能够让粉丝产生依赖的货源。

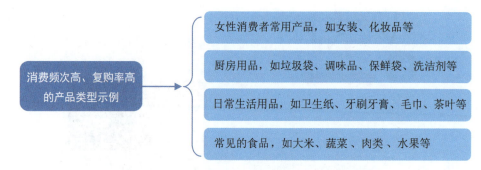

图 4-11　消费频次高、复购率高的产品类型示例

4.3.2　知识付费产品服务

知识付费产品服务，其实质在于通过售卖相关的知识产品或知识服务，让知识产生商业价值，变成"真金白银"。在互联网时代，我们可以非常方便地将自己掌握的知识转化为图文、音频、视频等产品/服务形式，通过互联网来传播并售卖给受众，从而实现盈利。随着移动互联网和移动支付技术的发展，知识变现这种商业模式也越来越普及，帮助知识生产者获得不错的收益和知名度。

随着人们消费水平的提高，其消费观念和消费方式也发生了质的改变，尤其是各种新媒体渠道的出现和自媒体领域的兴起，使人们产生了新的阅读习惯和消费习惯，并逐渐养成了付费阅读的良好习惯。

在私域流量的浪潮下，很多有影响力的快手运营者也通过公众号和社群等渠道来售卖自己的知识付费产品，可以快速实现变现，从粉丝身上获取收入。例如，快手上的某财经作家代表作品有《每天听见×××》《激荡三十年》《跌荡一百年》《浩荡两千年》等，微信公众号超过 350 万粉丝。从其运营者的公众号简介中，我们可以看到他将自己的标签定位为"财经"和"金融"，如图 4-12 所示。

在该运营者的快手账号和微信公众号中，他的视频和文章的标题非常有吸引力，比如他的快手账号上的某视频标题为《互联网的冲击波》，发微信公众号的文章标题为《全球经济复苏，谁上天堂，谁下地狱？》，这类标题深受金融人士和投资爱好者的喜爱。

该运营者不仅运营快手账号，还通过微信公众号不断提升品牌势能。同时，该运营者的微信公众号和快手账号拥有多元化的变现方式和付费渠道，不仅利用视频课程实现内容付费，更善于通过新颖的直播等内容形式实现知识付费。

通过上面的案例，可以明白这样一个道理，对于粉丝来说，该运营者的课程不仅是在简单地普及金融知识，还是一门具有极强个人色彩和品牌的课程。用户的购买，本质上是对个人品牌的信任与认可，而此个人品牌是建立在运营者优质的知识产品基础上的。

图 4-12　某运营者的快手账号（左）与微信公众号（右）

4.3.3　具备话题感的产品

如果一个产品登上了头条，那么它的火热程度自然不言而喻。为了吸引众多的用户流量引爆产品，运营者主动制造话题占据头条，倒不失为一个绝佳的方法。因此，具备话题感的产品非常适合做私域流量。

具备话题感的产品本身就具备强大的社交属性，极容易在你的社群中引发强烈反响。其中，快手的话题玩法就是目前非常流行的营销方式。大型的线下品牌企业可以结合快手的 POI（Point of Interest，兴趣点）与话题挑战赛进行组合营销，通过提炼品牌特色、找到用户的"兴趣点"来发布相关的话题，这样可以吸引大量用户参与，同时让线下店铺得到大量曝光，而且精准流量带来的高转化率也会为企业带来高收益。

例如，四川的"稻城亚丁"是一个非常美丽的景点，因其独特的地貌和原生态的自然风光，吸引大批游人前去观光。基于用户的这个"兴趣点"，有人在快手上发起了"稻城亚丁"的话题，如图 4-13 所示。此时，线下商家可以邀请一些网红参与话题，并发布一些带 POI 地址的景区短视频，如图 4-14 所示。

对景区感兴趣的用户在看到话题中的视频后，通常都会点击查看，此时进入POI 详情页即可看到商家的详细信息。这种方法不仅能够吸引粉丝前去景区打卡，而且能有效地提升周边商家的线下转化率。

图 4-13 "稻城亚丁"的话题

图 4-14 带 POI 地址的快手短视频

在快手平台上,只要有人观看你的短视频,就能产生触达。POI 拉近了企业运营者与用户的距离,加强了流量与品牌的互动,方便了品牌推广和商业变现。而且 POI 搭配话题功能和快手的引流带货基因能够提升线下店铺的传播率和用户到店率。

4.4 打造私域流量池

如今,不管是哪个电商平台,捕捉流量这条"大鱼"的成本都已经越来越高,因此笔者建议大家最好是"自建鱼塘来养鱼(打造私域流量)",这样不仅可以降低捕鱼成本(不用做付费引流),也更容易捕到鱼(流量更精准)。在本节中,笔者将结合快手平台的特点,具体介绍打造私域流量池的方法。

4.4.1 拓展多样化渠道

私域流量的来源主要是各个公域流量平台,本小节笔者将介绍几个常用的私域流量引流技巧。

1. 贴吧引流

百度贴吧的主题是兴趣爱好,它的目的是让拥有共同兴趣的网友可以聚集到一起进行交流和互动,同时这种聚集的方式让百度贴吧成为运营者引流平台之一。

下面笔者介绍一些百度贴吧引流的技巧和注意事项，如图4-15所示。

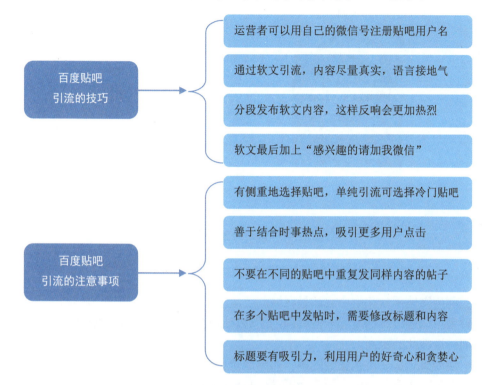

图4-15 百度贴吧引流的技巧和注意事项

2. 自媒体引流

今日头条自媒体平台，可以帮助快手运营者扩大自身影响力，提高产品曝光率和关注度。如今，很多已成为超级IP的网络红人都开通了头条号，以传播自己的品牌，获得更多的流量。对于用户来说，这种做法可以获得更好的使用体验；而对于运营者来说，可以拴住更多用户的"心"。

自媒体平台给个人微信号引流的主要方式就是软文形式。图4-16所示为"手机摄影构图大全"运营者发布的摄影文章，并推荐了学习摄影的相关书籍，文章中顺势放入了作者的微信号，通过内容引流。头条号的内容不做任何截流，即使你的粉丝数量不多，只要内容好就能获得推荐，甚至会推给更广泛的人群。

另外，除了内容引流外，运营者也可以在头条号的简介区放上快手账号或微信公众号，吸引他们主动添加。如果运营者实在找不到好的引诱点，也可以去各种云盘网站下载或者在淘宝上购买一些视频资料内容，将其赠送给用户。

图 4-16　通过内容引流示例

4.4.2　通过活动推广

利用微信平台和用户互动是私域流量运营策略的一种，它具有很强的灵活性，运营者可以通过微信发起一些有趣的活动，以此来调动用户参与活动的积极性，从而拉近彼此的距离。

活动策划是一件很重要的事，如果运营者经常推送同类或相似的消息，很容易让用户产生审美疲劳，而只有新奇、有趣、适应潮流的活动才能让社群用户保持长久的活跃度。因此，运营者可以将日常消息和一系列有趣的活动交替推送，这样既能维持用户的新鲜感，又能增加平台的趣味性。下面介绍一些运营私域流量时常用的活动形式。

1．微信签到

这种活动形式适合线上和线下各种场景，既可以让用户持续关注到你的微信公众号，加大影响力，又能对产品起到宣传的作用。在用户签到的同时，建议可以累积积分，用来兑换相关的礼品或优惠券，以此调动用户的积极性。

2．微信抽奖活动

某运营者除了在快手上发短视频之外，还会在公众号上开发一些抽奖活动，自定义抽奖概率及奖品，也可以将产品周边物品作为奖品，让受众积极地参与到活动中，这样既能调动用户的情绪、聚集人气，又能拉近用户与品牌之间的距离。图 4-17 所示为某运营者在微信平台上开展的抽奖活动，极具诱惑力的奖品吸引了大量用户下单购买会员。

图4-17 朋友圈抽奖活动示例

3. 线上线下整合

另外,如果运营者有线下实体店,也可以通过让用户扫描二维码,关注到店铺在微信平台上发布的活动消息,如果他们对活动的奖品产生兴趣,就可以到线下实体店去参与活动,然后领取奖品。当然,关注即送小礼品、转发有奖等活动也很受用户的青睐。图4-18所示为某运营者在公众号中发起的烧烤晚会活动。

图4-18 线上、线下整合活动示例

4．转发朋友圈

在活动结尾处，运营者可以设置一些抽奖或者其他福利，吸引用户转发至自己的朋友圈，再由用户的朋友持续传递下去，实现裂变式传播。

专家提醒

微信活动的效果衡量方式有很多种，例如：
（1）可以根据移动端的流量来衡量。
（2）可以根据粉丝的增长数量来衡量。
（3）可以根据销售额的增长倍数来衡量等。
目前，业内常用的效果衡量方式是通过点击和销售额来衡量的。

4.4.3 利用场景互动

无论是在设计互动场景时，还是在场景正式运作时，考虑用户体验都是一件十分重要的事情。通过用户的口碑式传播所获得的宣传引流效果，远比进行商业广告运作更有效，成本也更低廉。具体来说，为促进用户的互动场景体验，运营者可以从以下3个方面着手，如图4-19所示。

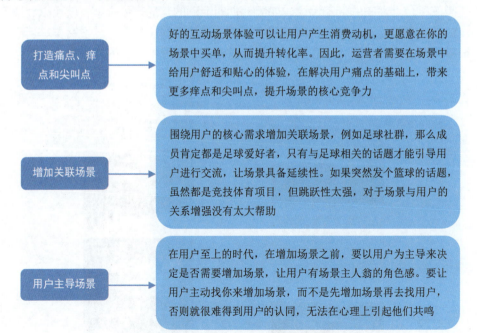

图 4-19　促进用户的互动场景体验的技巧

运营者可以通过构建互动场景来增强社群粉丝的用户体验。用户体验就是用户在体验场景的过程中，逐步建立起来的一种感受，如果用户体验是良性的，就会促进用户对该场景的认可。良好的用户体验可以提高产品好评率。

4.4.4 打造封闭市场

首先，公域流量平台的最大特征就是流量是开放式的，我们很难获得相关的用户数据。其次，微信公众号等平台已非常成熟，流量获取成本偏高。基于以上两点，运营者需要不断地去挖掘新的低成本市场。快手属于开放市场，而QQ、微信群和微信个人号属于封闭市场，这些渠道的流量成本比较低，具有以下特点，如图4-20所示。

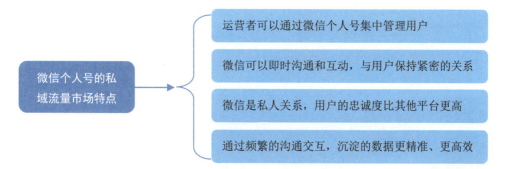

图4-20 微信个人号的私域流量市场特点

运营者可以通过多种方法将用户导入自己的微信个人号中，这种方法的成本非常低，甚至是免费的。如果运营者知道对方的个人信息，如手机号、QQ号或者微信号等，则可以直接在微信的"添加朋友"搜索框中输入这些账号，然后点击"添加到通讯录"按钮，即可申请添加对方为好友，如图4-21所示。另外，微信上有一个便捷的工具，那就是"雷达加朋友"，这个方法能够同时添加多人，对运营者在进行多人聚会等活动时加好友很有帮助。

有很多用户在各种网络平台上留下了自己的微信号码，而这些人可能会有不同的需求，同时他们希望自己的微信号被其他人添加。因此，运营者可以在网络上寻找这种与产品相关的微信号码，主动出击，添加他们为好友。

另外，如果你不知道对方的个人信息，那么还可以通过微信的一些基本功能来添加陌生好友，比较常用的有摇一摇、附近的人等方式。

运营者可以利用现有的流量获取途径，将这些流量导入自己的个人微信号，打造一个封闭的私域流量环境，搭建私域流量池。这样，运营者不仅可以和用户单独沟通，而且可以通过发布朋友圈动态进行"种草"，不断地提升用户对自己的信任度，同时可以进一步增加用户的忠诚度。

图 4-21　通过 QQ 号添加好友

专家提醒

在进行接下来的"验证申请"操作时，用户最好输入一个合适的添加理由，避免被对方拒绝。运营者可以把QQ号或手机号设成微信号，这样更有利于沟通和添加。

4.4.5　搭建私域流量池

个人微信号也进入了成熟期，许多运营者已经收割了大量的流量红利。另外，随着拼多多、有赞、云集微店等大量基于微信的电商平台的崛起，很多传统电商、企业老板和创业者都涌入其中。因此，运营者要尽早布局微信私域流量，才能降低自己的风险，提高获得收益的可能性。

私域流量的重点在于私域流量池的培养，通过运营私域流量池来运营用户，加深与用户的关系，提高用户对自己的信任度，具体作用如下。

1．提升 LTV（Life Time Value，生命周期总价值）

将存量用户导入个人微信号搭建的私域流量池后，运营者可以不断地重复使用这些流量资源，提升 LTV 以实现营销的目的，如图 4-22 所示。

总而言之，通过微信，快手运营者可以与用户产生更亲密的联系，可以基于产品做延展，不管是二次营销还是多元化营销，只要输出的内容不让人讨厌，就有助于产品销售。

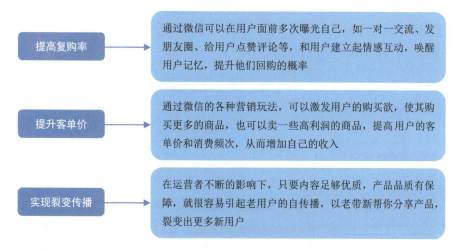

图 4-22 私域流量池对于提升 LTV 的作用

2．提升 ROI（Return on Investment，投资回报率）

在构建私域流量池时，虽然运营者需要付出一定的引流成本，但是私域流量池可以衍生出更多变现方式，带来更高的收益，获得更高的投入产出比。私域流量池的重点在于精准的流量运营，然后把引进来的流量转化掉，可以节约推广成本，达到提升 ROI 的目的。

4.4.6 实现爆发式增长

快手运营者还可以在自己已有的私域流量中努力，想办法让粉丝去分享自己的视频，将自己的微信名片推荐给别人。

当然，想要激起粉丝主动去转发和分享，就必须有能够激发他们分享传播的动力，这些动力来源于很多方面，可以是活动优惠、集赞送礼等，也可以是非常优秀的能够打动用户的内容，不管怎么样，只有能够给用户提供有价值的内容，才会引起用户的注意和关注。

例如，某婴幼儿游泳馆为了打开婴幼儿游泳早教市场，选择了微信裂变红包进行门店品牌宣传，推出了"又来两个亿～开抢了！继续嗨！"微信 H5 裂变活动，获得了不错的裂变分享效果。

裂变红包活动的运用是有讲究的，它的重点是红包裂变，用户只有分享并凑齐人数后才能领取奖品或福利。运营者在制作好 H5 裂变红包活动策划方案后，还需要重点对其进行宣传推广。

该婴幼儿游泳馆将裂变红包活动作为福利分享给门店老顾客，同时在各个线下门店内放置活动二维码，让进店消费的顾客参与活动。如果顾客抽到了裂变红包，就可以给他人分享 10 个红包（10 个人可以领取的红包），而许多人看到红包之后就会进行领取。因此，这种裂变红包的分享效果十分明显，能够起到推广品牌的作用，如图 4-23 所示。

图 4-23　裂变红包活动效果

微信红包营销颠覆了传统的品牌营销方式，同时成为门店分享传播的主流活动方式。尤其是 H5 裂变红包活动，用户扫码参与活动，可以打开一个组合红包，将其分享给好友领取之后，即可随机获得其中一个红包，让门店品牌通过推荐好友送红包形成裂变传播。

当然，为了更好地促进用户对微信活动进行分享和推广，快手运营者可以在 H5 界面中添加裂变红包插件，这样用户每次在 H5 中抽得一次红包奖励的同时，还可以收获相应的裂变红包。裂变红包对运营者的 H5 营销活动有很好的推动作用，能够激发用户的分享欲望，极大地提升 H5 页面的分享率，使其传播范围更广。

4.4.7　多做"回头客"生意

淘宝的运营方式是先将流量聚集到平台，然后通过流量渠道分发给商家，用户去淘宝的主要目的就是购物，这种强需求往往能够带来高成交率。

在这一点上，社交电商恰恰相反，他们往往是从用户的社交需求入手，运营者要先和用户成为朋友，获得他们的认可和信任，然后再挖掘用户的消费需求，去进行营销推广。因此，对于运营者来说，可以搭建自己的私域流量池，利用微信多开发新用户和维护老用户。

1. 开发新用户

运营者必须知道的是"自己的用户在哪里"。这是个很重要的前提。如今，大部分运营者都不再局限于快手等平台，已开始尝试利用各种社交渠道来引流，包括微信朋友圈、QQ 空间、微博和微店等。因此，在不同的社交渠道上，形成了独立的商圈，这些商圈中的用户大部分是分开的，但可能存在重叠的情况，从而导致流量分散得非常严重。

流量的分散，说明用户也是分散的，再加上社交应用上的电商交易环节并不完善，很多时候可能用户就是发个红包就置之不理了。这样做虽然越过了电商平台的交易渠道和门槛，但是用户数据却变得更加难收集。

所以，运营者一定要通过微信建立私域流量池，把用户集中到一个池子里，这种做法不仅能集中管理所有的用户数据，运营者还能与他们建立稳固的关系，并且这种关系可重复利用。

当然，如果流量池比较大，运营者用传统的手工方法去统计数据的话，就显得非常麻烦了。此时，商家可以使用一些微信分销系统进行辅助管理，可以根据用户来源进行统计，主要作用如图 4-24 所示。

图 4-24　微信分销系统的辅助作用

微信分销系统作用很大，它可以让用户通过朋友圈帮助运营者卖货，不仅能提升销量，还可以将有效用户沉淀下来，刺激其不断复购，这比起快手小店的购物系统更具有价值。此外，从用户角度来说，用户可通过分销系统，查看运营者的所有产品。图 4-25 所示为某分销系统的业务流程，可以帮助运营者激励用户参与卖货。

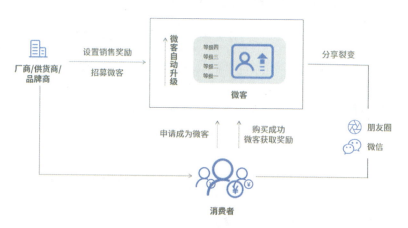

图 4-25　某分销系统的业务流程

2. 维护老用户

对于那些开店时间长的运营者来说，肯定都知道维护老用户的重要性。通常情况下，开发1个新用户需要花费的成本，这里包括了时间成本和金钱成本，相当于维护10个老用户的成本。

然而，新用户为你带来的收入却往往比不上老用户。因此，快手运营者需要通过私域流量的运营，做好老用户的维护工作，这样不仅可以让他们更信任你，而且还会给你带来更多的效益。图4-26所示为维护老用户的主要作用。

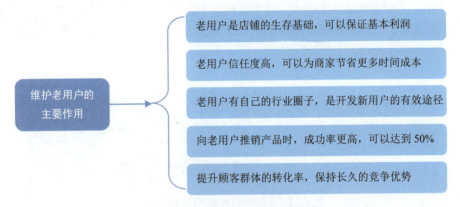

图4-26 维护老用户的主要作用

运营者要想长远发展，就需要不断地去开发新用户，而要想生存，则需要持续地维护老用户，获得更多的"回头客"。例如，在一些重要节点上，运营者可以通过微信、短信或者社群通知老用户，提醒一下发货、物流、收件等信息。下面笔者重点介绍一些通过微信维护老用户的技巧，如图4-27所示。这虽然只是一些小举动，却能够增加用户对你的好感和信任感。

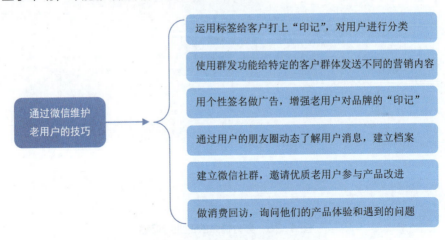

图4-27 通过微信维护老用户的技巧

第 4 章 私域流量：快速将粉丝导入流量池

老用户都是已经购买过产品或者熟悉产品的人，他们对产品有一定的了解，运营者可以进行定期维护，让老用户知道我们一直关心、在乎他们，来促进他们的二次消费。不管是哪个行业，运营者都可以通过快速吸粉引流来短暂地增加商品销量，但是，如果想要获得长期稳定的发展，并且形成品牌效应或者打造个人IP，那么维护老用户是必不可少的一环。

第5章
带货话术：
锻炼出口若悬河的本事

> **学前提示**　一个出色的运营者应该拥有强大的语言能力，掌握带货话术，让直播间妙趣横生。在快手直播上，我们能看到某些主播段子张口就来，直播做得多姿多彩。下面笔者主要从4个方面让运营者深入学习带货话术。

5.1 提高表达能力

直播最大的特点之一是强互动性，因此在直播中，快手运营者的语言表达能力对直播效果影响重大。那么如何培养、提高其语言表达能力呢？本节将为大家简要介绍提高语言表达能力的方法。

5.1.1 确保观看体验

首先，运营者需要提高个人的语言表达能力，一个人的语言表达能力在一定程度上体现了这个人的情商。我们可从以下几个方面来提高个人的语言表达能力。

1．注意语句表达

在语句的表达上，运营者首先要注意话语的停顿，把握好节奏。其次，语言表达应该连贯，听着自然流畅。如果语言表达不够清晰，可能会使观众在接收信息时造成误解。最后，可以在规范用语的基础上发展个人特色，形成个性化与规范化的统一。

总体来说，运营者的语言表达需要具有这些特点：规范性、分寸感、感染力和亲切感，如图5-1所示。

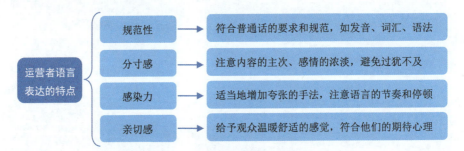

图 5-1 运营者语言表达的特点

2．结合肢体语言

单一的语言表达可能感染力不强，运营者可以借助动作和表情来辅助表达，尤其是眼神的交流，另外夸张的动作可以使语言更显张力。

3．自身知识积累

运营者可以在线下注重提高自身修养，多阅读，增加知识的积累。大量的阅读可以增强一个人的逻辑能力和语言组织能力，进而帮助运营者更好地进行语言表达。

4．进行有效倾听

倾听是一个人最美好的品质之一，也是运营者必须具备的素质。和粉丝聊天谈心，除了会说，还要懂得用心聆听。在运营者和用户交流沟通的互动过程中，虽然从表面上看是运营者占主导，但实际上是以用户为主。用户愿意看直播的原因就在于能与自己感兴趣的人进行互动，运营者要懂得了解用户关心什么、想要讨论什么话题，就一定要认真倾听用户的心声和反馈。

5．注意把握时机

良好的语言表达能力需要快手运营者挑对说话的时机。每一个运营者在表达自己的见解之前，都必须把握好用户的心理状态。比如，对方是否愿意接受这个信息，又或者对方是否准备听你讲这件事情。如果运营者丝毫不顾及用户心里怎么想，不会把握说话的时机，那么只会事倍功半，甚至做无用功。但只要选择好了时机，那么让粉丝接受你的意见还是很容易的。

打个比方，如果一个推销产品的快手运营者，在购物节向用户推销自己的产品，并承诺给用户折扣，那么用户在这个时候应该会对该产品感兴趣，并且会趁着购物节的热潮毫不犹豫地买买买。

总之，把握好时机是培养运营者语言能力的重要因素之一，只有选对时机，才能让用户接受你的意见，对你讲的内容感兴趣。

5.1.2 制造轻松的氛围

在这个人人"看脸"的时代，颜值虽然已经成为直播界的一大风向标，但想要成为快手直播中的大咖级人物，运营者光靠脸和身材是远远不够的。

有人说，语言的最高境界就是幽默。拥有幽默口才的人会让人觉得很风趣，还能折射出一个人的内涵和修养。所以，一个优秀运营者的养成，也必然少不了幽默技巧。

1．收集素材

善于利用幽默技巧，是一个专业运营者的成长必修课。幽默的第一步就是收集幽默素材，然后合理运用，先模仿再创新。

运营者可以利用生活中收集来的幽默素材，培养自己的幽默感。先通过观看他人的幽默段子以及热门的"梗"，再到直播间进行模仿，或者利用故事讲述出来，在让用户忍俊不禁的同时，还可以体现自己的与时俱进。用户都喜欢听故事，而故事中穿插幽默则会让用户更加全神贯注，将身心全都投入运营者的讲述之中。

幽默也是一种艺术，艺术来源于生活而又高于生活，幽默也是如此。生活中很多幽默故事就是由生活的片段和情节改编而来。

2．抓住矛盾

当快手运营者已经有了一定的阅历，对自己的粉丝也比较熟悉，知道对方喜欢什么或者讨厌什么，那么就可以适当地攻击他讨厌的事物以达到幽默的效果。总而言之，运营者只有抓住事物的主要矛盾，才能摩擦出不一样的火花。那么，运营者在抓住矛盾、培养幽默技巧时，可以遵循以下 6 点：积极乐观、与人为善、平等待人、宽容大度、委婉含蓄和把握分寸。

运营者在提升自身的幽默技巧时也不能忘了应该遵守的相关原则，这样才能更好地引导用户，给用户带来高质量的直播。

3．幽默段子

"段子"本身是相声表演中的一个艺术术语。随着时代的变化，它的含义在不断拓展，也多了一些"红段子""冷段子""黑段子"的独特内涵，近几年频繁地活跃在互联网的各大社交平台上。

微博、综艺节目、朋友圈里将幽默段子运用得出神入化的人比比皆是，这样的幽默方式也赢得了众多粉丝的追捧。幽默段子是吸引用户眼球的绝好方法。运营者想要培养幽默技巧，就需要努力学习段子，用段子来征服粉丝。

4．自我嘲讽

讽刺是幽默的一种形式，相声就是一种讽刺与幽默相结合的艺术。讽刺和幽默是分不开的，要想学得幽默技巧，就得学会巧妙地讽刺。

最好的讽刺方法就是自黑。自黑效果非常明显，既能逗粉丝开心，又不会伤了运营者与粉丝的和气。其主要原因是，某些粉丝不是亲密朋友，运营者的讽刺或"吐槽"，很容易引起他们的反感和愤怒。很多著名的主持人为了达到节目效果，经常进行自黑，逗观众开心。

在很多直播中，运营者也会通过自黑的方式来凸显自己的"平民化"特点，在逗粉丝开心的同时，还能获得不少流量。总之，自我嘲讽这种方法只要运用得恰当，达到的效果还是相当不错的。当然，运营者也要把心态放正，将自黑看成是一种娱乐方式，不要太过认真。

5.1.3　策划直播内容

对于想要进行直播却不知道如何进行直播的运营者，可以按照以下步骤进行直播。首先在直播之前，运营者可以对直播内容进行策划，下面笔者以快手直播为例，总结在直播中需要把握的重点。

1. 讲述产品特点

运营者需要让用户了解你的带货产品，讲述产品的特点是最直截了当的方式，其中最主要的特点是产品的作用以及产品的优势。例如在母婴用品直播中介绍童装时，运营者可以讲述衣服的亲肤性，并且在屏幕前进行演示，如图 5-2 所示。

图 5-2 讲述并展示童装的优点

2. 讲述产品价格

熟悉完产品之后，运营者需要讲述产品的价格，在价格上可以突出本次直播的优惠性以及购买福利，还可以借助动作手势进行表达。运营者在讲述时，可以在直播间下方产品信息栏中设置好产品价格，如图 5-3 所示。

3. 讲述产品数量

产品的数量包括直播间中本次上架的数量以及剩下的数量，在数量上可以进行限制或者将产品分批次上架，营造商品紧俏感。如果产品即将下架，运营者也需要在直播间内提醒用户，例如库存仅 100 件，先付款先得等。

图 5-3 在下方产品信息栏中显示价格

4. 试穿效果展示

在服饰直播中,运营者可以试穿,或者让模特试穿,向用户展示效果。如图 5-4 所示,为快手直播中运营者展示女装试穿效果。

图 5-4 运营者展示女装试穿效果

5.1.4 应对用户提问

有时候，粉丝会让运营者回答热点评议的相关问题，不管是粉丝还是运营者，都会特别关注热点问题。很多运营者会借着热点事件来吸引用户观看直播。这时候，粉丝往往想知道运营者对这些热点事件的看法。

有些运营者为了吸引眼球，进行炒作，就故意做出违背"三观"的回答。这种行为是极其错误且不可取的，虽然运营者的名气会因此在短时间内迅速上升，但其带来的影响是负面的、不健康的，粉丝会马上流失，更糟糕的是，想要吸引新的粉丝加入也十分困难。

那么，运营者应该如何正确评价热点事件呢？可以从以下3点出发：客观中立；不违背"三观"；不偏袒任何一方。

当用户对运营者进行提问时，运营者一定要积极做好回复。这不仅是态度问题，还是获取用户好感的一种有效手段。那么，怎样才能做到积极回复用户的提问呢？

一是用户进行提问之后，尽可能快地做出回复，让用户觉得你一直在关注直播间弹幕的情况。

二是尽可能多地对用户的提问做出回复，这可以让被评论的短视频用户感受到你对他（她）的重视，运营者回复的弹幕越多，获得的粉丝就会越多。

5.1.5 活跃评论区

打造活跃的评论区主要可以起到两方面的作用：一是加强与粉丝的沟通，做好用户维护，从而更好地吸引用户关注账号；二是随着评论数量的增加，运营者的热度也将随之而增加。这样一来，运营者将获得更多的流量，而快手直播的营销效果也会更好。这一小节将介绍5种方法打造活跃的快手直播评论区。

1. 内容引起观众讨论

许多用户之所以会对直播进行评论，主要是因为他们对直播内容有话要说。针对这一点，运营者在打造直播时，尽可能地选择一些能够引起用户讨论的内容。这样做出来的直播自然会有直播用户感兴趣的点，而直播用户参与评论的积极性也会更高一些。

以化妆品直播为例，许多人的皮肤都遭受过痤疮、黑眼圈、眼袋等问题的困扰，于是部分运营者据此打造了直播内容，促使被皮肤问题困扰的用户点击观看并评论。

2. 引导粉丝主动留言

在快手直播中，有部分用户在刷直播时觉得打字有些麻烦。除非看到了自己感兴趣的话题，否则他们可能没有心情也没有时间对直播进行评论。为了更好地吸引这部分直播用户积极主动地进行评论，运营者可以在直播中设置一些直播用户都感兴趣的互动话题。

运营者可以以日常生活中不经意间经历的事情为话题打造了一个直播。因为这种不经意的事情大多数人在日常生活中都经历过。看到这个话题之后，许多用户会主动在直播评论区发表自己的意见。

其实每个人都是有表达需求的，只是许多人认为，如果涉及的话题自己不感兴趣，或者认为话题意义不大，那么就没有必要表达自己的意见了。因此，运营者如果要想让直播用户积极地进行表达，就需要通过话题的设置先勾起直播用户的表达兴趣。

3. 内容引发粉丝共鸣

运营者在做内容运营时，必须懂得一个道理：不同的内容能够吸引到的用户也是不同的。正如《后汉书》中所言的"阳春白雪，和者盖寡"，同样是歌曲，受众群体不同，歌曲的受欢迎程度也会有差异。

选择直播内容时也是同样的道理。如果运营者策划的是专业的、市场关注度不高的内容，那么策划的直播观看者就少了。相反，如果运营者策划的直播是用户普遍关注的，并且参与门槛低，那么那些有共鸣的直播用户，自然而然就会点击观看直播并进行评论。

因此，运营者如果想让直播获得更多的评论，可以从内容的选择上下手，重点选择一些参与门槛低的内容，通过引发用户的共鸣来保障直播的评论量。比如，减肥是普遍关注的一个话题，而且许多用户有减肥的计划，或者正在减肥，所以运营者可以在快手直播中分享减肥经历。

4. 提问方式吸引观众

相比于陈述句，疑问句通常更容易获得回应。这主要是因为陈述句只是基于事实进行直接的表述，缺少与用户互动的环节。而疑问句则是把问题抛给了用户，实际上是提醒用户参与互动。因此，在直播文案中通过提问的方式进行表达，可以吸引更多用户回答问题，从而直接增加评论的数量提高评论区的活跃度。

运营者可以通过提问吸引用户，提高评论区的活跃度。例如，快手运营者可以问用户："有多少人是这样借钱的？"之后对借钱前后的态度转变进行展示：

借钱时，直播中的人物喜笑颜开，并拱手感谢；而借钱之后，让他还钱时，直播中的人物则一脸怒容。

5．采用场景化的回复

场景化的回复，简单地理解，就是结合具体场景做出的回复，或者能够通过回复内容想到具体场景的回复。例如，在通过回复向直播用户介绍某种厨具时，如果把该厨具在什么环境下使用、使用的具体步骤和使用后的效果等内容进行说明，那么回复内容便变得场景化了。

相比于一般的回复，场景化的回复在直播用户心中构建起了具体的场景，所以，当直播用户看到回复时，更能清楚地了解产品的具体使用效果。鉴于大多数用户在意产品在具体场景中的使用情况，因此场景化的回复往往更能吸引直播用户的眼球。

5.2 学习聊天技能

如果在直播间不知道如何聊天，遭遇冷场时该怎么办？为什么有些运营者的直播间能一直聊得火热？在本节中，笔者将为大家提供5个直播聊天小技巧，为运营者解决直播间的"冷场"烦恼。

5.2.1 重视直播中的细节

俗话说得好："细节决定成败！"如果在直播过程中对细节不够重视，那么用户就会觉得运营者很敷衍。在这种情况下，很可能会出现粉丝快速流失的情况。相反，如果运营者对细节足够重视，用户就会觉得你在用心运营。而用户在感受到你的用心之后，也会更愿意成为你的粉丝。

在直播过程中，运营者应该随时感谢观众，这是重视细节的表现之一，尤其是对打赏的用户，还有新进入直播间的用户表达感谢。运营者还可以设置欢迎词，当新用户进入直播间时，系统会自动推送特价产品或向用户问好，如图5-5所示。

除了表示感谢之外，认真地回复用户的评论也是重视细节的表现，让用户看到运营者在用心运营，也是转化粉丝的一种有效手段。

从零开始做快手电商：引流涨粉＋直播带货＋橱窗小店＋广告盈利

图 5-5　系统自动推送特价产品或向用户问好

5.2.2　保持良好心态

在现实生活中会有一些喜欢抬杠的人，而在网络上某些人直接变身为"畅所欲言"的"键盘侠"。对于这些喜欢"吐槽"甚至是语言中带有恶意的人，运营者一定要保持良好心态，千万不能因为这些人的不善而与他们互喷，否则许多用户可能会成为黑粉，向运营者发泄不满。

在面对个别用户带有恶意的弹幕时，不要与其互喷，而是以良好的心态进行处理，这是一种有素质的表现。这种素质有时能让运营者成功地获取粉丝关注。那么，在面对用户的"吐槽"时，该如何进行处理呢？笔者给大家提供了两种方案。

（1）用幽默的回复面对"吐槽"，运营者在回复用户弹幕评论的同时，让用户感受到幽默感。

（2）对于恶意的吐槽，快手运营者可以直接选择不回复，避免造成语言上的冲突。在直播的弹幕界面，我们偶尔会看到其中部分用户带有恶意的评论，而许多运营者在看到这些评论之后并不理会，而是继续进行直播。

在实际操作中，运营者可将这两种方案结合使用。例如当吐槽比较多时，可以用幽默的表达方式回复排在前面的几个弹幕，而那些排在后面的或者带有明显恶意的弹幕信息，直接选择不回复就好了。

> **专家提醒**
>
> 此外,运营者自己也可以在直播间内自我解嘲,应对用户的恶意评论。在直播间中比较豁达、幽默以及善于自我解嘲的运营者,通常会受到许多观众的喜爱。

5.2.3 多为用户着想

面对用户进行个人建议的表达时,首先运营者应站在用户的角度,进行换位思考,这样更容易了解回馈信息的用户的感受。

运营者可以通过学习和察言观色来提升自己的思想,察言观色的前提是运营者需要有细腻的心思。运营者可以细致地观察直播时用户的态度,并且进行思考,总结相关经验,在直播中多为用户着想。具体来说,运营者为用户着想可以体现在以下 3 个方面,如图 5-6 所示。

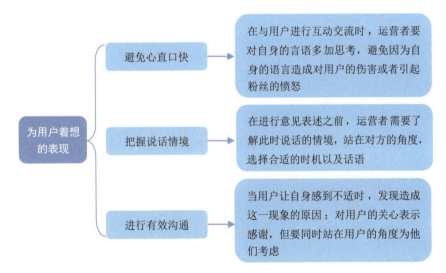

图 5-6 为用户着想的表现

5.2.4 低调直播:保持谦虚态度

面对粉丝的夸奖和批评,运营者都需要保持谦虚礼貌的态度,谦虚、耐心会让运营者获得更多粉丝的喜爱,即使是热门的运营者,保持谦虚低调也能让他的直播生涯更加顺畅,并且获得更多的路人缘。

例如快手上的某游戏主播,一直努力直播,即使被抨击也不反击,而是欣然接受，谦虚的态度使得他的路人缘很好。在他的评论区，我们经常能看到粉丝对他的称赞，以及新粉丝追问直播地址的评论，如图5-7所示。

图 5-7　某游戏主播的评论区

5.2.5　把握尺度：懂得适可而止

在直播聊天过程中，快手运营者要注意把握好尺度，懂得适可而止。例如在开玩笑时，注意不要过度，许多运营者因为开玩笑过度而遭到封杀。因此，懂得适可而止在直播中也是非常重要的。

还有一些运营者为了"火"，故意蹭一些热度，例如某些运营者为引起用户的热议，增加自身的热度，发表负能量的内容，结果"偷鸡不成蚀把米"，反而惹起用户的愤怒，最后遭到禁播。

如果在直播中，运营者不小心说错话，激怒了粉丝，运营者应该及时向粉丝道歉。例如，"口红王子"在与某明星进行直播带货时，不小心说错话，最后向用户以及该明星致以诚挚的道歉，才得到了大家的原谅。

5.3　策划直播脚本

在如今的快手电商直播中，运营者在向用户展示商品的同时，还需要经常联络商家和用户，尤其是现在，运营者的直播时间已经往两位数的时长上增长。

工作衔接、产品展示以及销售等一系列操作，都需要运营者在镜头前向观众、粉丝进行讲解。为了填充整个直播内容，同时让运营者的工作流程顺利自然地进行下去，机构和运营者就需要对直播的脚本进行策划。

直播脚本可以让运营者和工作人员提前准备好直播所需要进行和处理的一系列事情，可以帮助运营者有目的、有重点地进行商品的推广工作。

设置直播脚本，可以让运营者和工作人员提前进行一个直播演习，让每个人都明白自己的岗位和需要处理的事情，以保证正式直播时可以顺利地进行下去。并且，脚本的制定可以让整场直播能够有序地进行。尤其对于运营者来说，开播前整理好直播脚本，并且让自己熟悉脚本，这些都是非常重要的。

运营者为自己的快手直播策划好有清晰、有条理的步骤，这样思路才不会乱，才能更好地引导客户下单，提高自己的带货率。

除此之外，直播脚本还可以帮助运营者在面对突如其来的粉丝提问，或手忙脚乱时起到提示作用，让他快速地找回自己的重心。比如，当运营者拿到一件新服装，不知道该怎么介绍，找不出卖点时，直播脚本可以帮忙传递卖点；当遇到黑粉在直播间无端攻击时，运营者可以通过直播脚本上的规定，联络场控及时进行清理等。

由此可知，如果没有直播脚本策划，那么在直播过程中，当出现上述问题，运营者没有及时进行处理时，会直接影响用户的观感。要知道，在直播过程中，如果没有合理的危机应对方式，很容易让运营者手忙脚乱，一旦打断了直播流程和思路，很容易降低运营者的带货率。

5.3.1 规划具体方案

快手运营者要想拥有一份完善的直播脚本，使直播销售可以顺利进行，首先要了解直播脚本涉及哪些方面，或者说有什么具体要求。下面向读者介绍一下有关直播脚本的信息，帮助读者更好地了解直播脚本。

首先，读者要明白，进行服装脚本策划前，要知道直播脚本是分为直播主题和直播目的两个方向的。当然，关于直播主题和目的，都是希望能够让运营者顺利地开展直播工作。

运营者可以进一步了解直播主题和直播目的所涉及的内容，从而帮助自己更好地理解直播脚本内容。图5-8所示为直播主题和直播目的所涉及的指标内容。

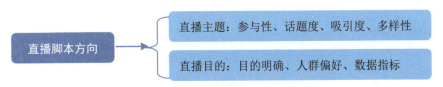

图5-8 直播主题、直播目的所涉及的指标内容

1. 直播主题

直播主题要尽量选择观众参与性高的，此外主题最好可以拥有一定的话题度，让运营者在日常直播的过程中，能够穿插不同的话题和粉丝进行讨论和互动；吸引度是因为主题必须吸引用户、粉丝的注意力；多样性则是需要运营者在设置分享话题的时候，能够采取不同的表达方式。图5-9所示为参与官方主题活动的直播。

图5-9 参与官方主题活动的直播

2. 直播目的

目的明确就是让工作人员和运营者在开播前清楚地知道这场直播是为了什么，例如是新客福利，是优惠信息，是节日活动，还是周年庆清仓。图5-10所示为直播间公告上标注的优惠信息和节日活动。

具体来说，运营者需要了解自己的用户群体是哪一类型的人，在设置直播间活动时，运营者在内容选择上，可以偏向他们最关注、最在乎的一面。

比如，如果运营者的粉丝人群是20岁上下的年轻女性，那么运营者在做粉丝福利时，就应该选择这类年龄层更能接受的口红、香水这类东西，这样才能引起粉丝的关注。

图 5-10 优惠信息和节日活动

5.3.2 策划活动要点

当机构和运营者确定好直播脚本的方向后,为了使整场直播更好地进行,就需要制订出清晰而明确的活动策划方案。

这样便于工作人员对活动方案有一个明确的认知,以及判断它的可操作性,在这个部分,需要让所有的参与直播的工作人员清楚地了解活动策划的类型、要点以及产品的卖点、直播间的节奏,从而更好地让工作人员进行直播销售工作。

1. 活动策划要点

脚本策划人员在制作脚本时,可以根据实际情况,考虑一次制作完一周的直播间脚本策划。这种节奏便于运营者、工作人员进行时间安排,也能使一周的直播任务前后衔接得更清楚。临时做脚本策划的话,可能会有很多事情没有办法考虑周全。

除此之外,在做直播脚本时,可以把活动策划的点细分到运营者在直播间的每个时间段,如图 5-11 所示。这样可以避免出现运营者在直播间对服装的展示、介绍速度过快,导致整个直播节奏被打乱,以及忽略与粉丝的沟通和互动。

从零开始做快手电商：引流涨粉＋直播带货＋橱窗小店＋广告盈利

时间点	直播模块	模块说明	福利发放	互动说明
20:00—20:10	与粉丝日常交流	寒暄&日常答疑	关注红包3个	欢迎+点爱心+邀请关注
20:10—20:40	新品介绍	全方位展示商品	/	鼓励粉丝转发直播
20:40—21:00	限时特价活动	活动介绍买二送一	店铺优惠券/抽奖送礼	福利领取指导

图 5-11　脚本策划里具体时间段的策划

2．活动策划类型

一般来说，直播活动策划的类型有以下两种。

1) 通用、基础活动

这种活动力度属于中等程度，运营者可以单日或长期重复结合，活动形式如新人关注专项礼物、抢红包雨、开播福利、下播福利等。图 5-12 所示为直播间设置的粉丝福利和限时秒杀活动。

图 5-12　粉丝福利和限时秒杀活动

在直播中，不同的时间段有什么通用活动，都需要在脚本中明确好，这样运营者才可以从容地对观众、粉丝进行引导，达到延长观众、粉丝停留的时间，从而提高直播间的流量。

2）专享活动

这种活动力度比较大，可以设置成定期活动，比如运营者固定进行每周1元秒杀、周二拍卖等，或其他类型的主题活动。

这种大力度的周期活动不要求每天都进行，但活动力度一定要大，这样才可以刺激用户的参与度，活动的数量则可以根据当日直播间的在线人数来确定。同时，由于这种活动的吸引力很大，可以促使观众记住这个直播间。

3. 产品卖点和节奏

直播间的商品可以分为爆款、新品、预售、清仓等几种类型。运营者需要对不同类型的商品进行要点提炼，同时要在直播脚本上安排固定的时间段来进行商品推荐和商品讲解步骤，这些都需要注意。如图5-13所示为预售商品类型。

图5-13 预售商品类型

如果是服装类的带货产品，需要运营者不断地补充相关的服装知识，因为服装流行的款式风格一直在不断地变化。如果运营者在开播前没有熟悉直播间流程和商品信息，那么就容易让运营者在直播间处于一种尴尬冷场的局面，也就失去了直播过程中该有的产品销售节奏。

5.3.3 展示产品卖点

产品卖点可以理解成产品优势、产品优点和产品特点，也可以理解成自家产品和别家产品有什么不同之处；怎样让用户选择自家的产品；和别家的产品相比，自家产品更具有竞争力和优势的点在哪。

在销售过程中，用户或多或少会关注其中的某几个点，并在心理上认同该产品的价值，在这个可以达成交易的最佳时机点上，其中促使用户产生购买行为的，就是产品的核心卖点。

找到卖点，也就是让商品可以被消费者接受，并且认可其利益和效用，最后达到产品畅销和建立品牌形象的目的。

因此，对于快手运营者来说，找到产品或服务的卖点，不断强化和推广，通过快捷高效的方式，将找出的卖点传递给用户是非常重要的。图5-14所示为床单宣传直播，其卖点就是纯棉织造。

图5-14 床单宣传直播

运营者在直播间进行销售时，要想让自己销售的产品有不错的成交量，就需要满足目标受众的需求点，而满足目标受众的需求点是需要通过挖掘卖点来实现的。但是，如果产品在对比中体现不出优势，那卖点就不能称之为卖点了。要想使产品可以最大化地呈现它的价值，运营者就需要学会从不同的角度挖掘商品的卖点。

1. 产品风格

合适、恰当的展示产品风格的宣传语，可以激发用户的好奇心，使用户向往宣传语中营造的效果，从而促使用户下单购买。例如在直播中介绍连衣裙，运营者可以根据款式的风格，设计出一些新颖的宣传词，从而吸引粉丝的注意力。麻混纺衬衫式连衣裙既可以作为外套披搭，也适合打造清爽舒适的日常穿搭；搭配出众的麻混纺半开领上衣斯文休闲两相宜。

2. 产品质量

产品质量的完整概念就是用户的满意度。大部分人在选择购买产品时会考虑产品的质量，质量的好坏与否，决定了用户是否下单，以及是否愿意再次购买。

同时，随着社会的不断发展，人们的经济收入增多、消费能力增强、消费需求发生变化，对产品的要求开始追求质感，于是现代人对质量有了更高的要求。比如服装，用户除了关注服装的实用性和耐用性外，开始注重服装能不能让自己穿得自在、舒适和简单。因此，很多快手运营者想要展现产品的卖点时，会在体现产品特色时，注重展现其质量。

所以，运营者在挖掘产品卖点时，可以尽情地向用户展示产品的质量情况。例如，某款衬衫可以体现穿着者的优雅气质，而且衬衫不易起皱，不用费时打理；某款裙子质地轻薄，非常轻盈，特意搭配内衬，不易走光。

在美妆产品上，可以挖掘产品的使用感。例如粉底液，运营者可以推崇其妆感自然，具有"奶油肌"的妆面效果，并且超长带妆，24小时不脱妆等。

3. 流行趋势

流行趋势代表着一群人在一定时期内的一种追求。运营者在挖掘产品的卖点上，就可以结合当前的流行趋势找到产品的卖点，这也一直是运营者们惯用的营销手法。

例如，当市面上大规模流行莫兰迪色系时，在服装的介绍宣传上就可以标注莫兰迪色标签吸引消费者的关注；当夏天快要来临，女性想展现自己性感的身材时，一字肩款式的服装就可以在卖点上突出"展现好身材"的效果。

4. 明星同款

明星效应即名人所产生的吸引群体注意力、强化事物形象、扩大影响范围的现象。大众对明星的一举一动都非常关注，他们希望可以靠近明星的生活，得到心理上的满足。这时，明星同款就成为商品一个非常好的宣传卖点。

名人效应早已在生活的各方面产生了一定的影响，例如选用明星代言广告，可以刺激大众消费；明星参与公益活动项目，可以带领更多的人去了解、参与公益活动。名人效应就是一种品牌效应，它可以带动人们的消费。运营者只要利用名人的效应来营造、突出商品的卖点，就可以吸引用户的注意力，让他们产生购买欲望。

5．原创设计

知名设计师所设计的产品每每面世，都能吸引大家的目光。比如对于大众来说，知名服装设计师所设计的服装，在一定程度上代表着流行、经典、出色。除此之外，也代表着设计师的一种人生态度和人生经历。

对设计师个人的崇拜、追随以及信任，往往能驱使用户去购买产品，甚至出现抢购现象。所以，运营者在挖掘商品卖点时，如果商品是设计师款，或者说是设计师同款，就可以着重突出这一标志。还有一些原创设计品牌的直播，产品的卖点就是其原创性。

6．消费人群

不同的消费人群对商品的关注点、需求点不同，运营者在面对这种情况时，就需要有针对性地突出商品的卖点，从而满足不同用户群体的需求。

比如，对于成人服装款式来说，需要在卖点上突出服装的美观性、多功能性；而对于童装服饰，它的设计和风格就要突出可爱的特征，在卖点宣传上会偏向于服装的实用性、舒适性。

7．出色细节

运营者在进行直播带货时，可以着重展示商品比较出色的设计部位，这种细节往往可以吸引消费者的眼球，打动消费者的心，使他们产生购买欲望。

比如，当运营者在直播时，在拿到床单后，发现床单的某个设计特别好，想展示给屏幕前的粉丝看，吸引他们的注意力。这时，为了激发粉丝的购买欲望，满足他们提出的需求，可以采取直接靠近镜头的方式，把床单的特色设计展示出来，以此形成卖点。图5-15所示为运营者直接通过镜头向观众展示床单细节。

图 5-15 运营者通过镜头展示床单细节

5.4 必须掌握的直播话术

运营者在直播过程中，除了要把商品很好地展示给用户之外，最好还要掌握一些销售技巧和话术，这样才可以更好地进行产品推销，提高运营者自身的带货能力，从而让运营者的商业价值得到增值。

由于每一个用户的消费心理和消费关注点都是不一致的，在面对合适的、有需求的商品前，仍然会由于各种细节因素，导致最后没有采取实际的下单行为。

面对这种情况，运营者就需要借助一定的销售技巧和话语来突破用户的最后一道心理防线，促使用户完成下单行为。本节将向读者介绍几种销售的技巧和话术，帮助大家提升带货技巧，创造直播间的高销量。

5.4.1 介绍法

介绍法是介于提示法和演示法之间的一种方法，是运营者在直播间直播时，可以用一些生动形象、有画面感的话语来介绍商品，达到劝说消费者购买商品的目的的沟通方法。介绍法有 3 种，如图 5-16 所示。

1. 直接介绍法

直接介绍法是销售人员直接向用户介绍产品的优势和特色，劝说消费者购买产品的一种推销方法。这种推销方法的优势就是非常节约时间，直接让用户了解产品的优势，节省不必要的询问过程。例如，某款服饰的材质轻薄贴身，非常适合夏季穿着，直接介绍服装的优点，强调产品的优势，吸引用户购买。

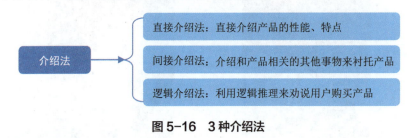

图 5-16　3 种介绍法

2．间接介绍法

间接介绍法是采取向用户介绍和商品本身相关的、密切的其他事物来衬托商品本身。例如，如果运营者想向观众介绍服装的质量，不会直接介绍服装的质量，而是采用介绍服装的做工、面料来表明服装的质量过硬，值得购买，这就是间接介绍法。

3．逻辑介绍法

逻辑介绍法是销售人员采取逻辑推理的方式来说服用户购买产品的一种推销方法。这也是线下销售中常用的一种推销手法。

快手运营者在进行推销时，可以向用户说"用几杯奶茶的钱就可以买到一件美美的服装，你肯定会喜欢"，这就是一种较为典型的逻辑介绍法，这种方法的优势是以理服人、顺理成章、说服力强。

5.4.2　赞美法

赞美法是一种常见的推销话语技巧，这是因为每一个人都喜欢被人称赞，喜欢得到他人的赞美。在这种赞美情景之下，被赞美的人很容易情绪高涨、心情愉悦，就很容易在这种心情的引导下做出购买行为。

三明治赞美法属于赞美法里面备受推崇的一种表达方法，它的表达方式是，首先根据对方的表现来称赞他的优点；其次再提出希望对方改变的不足之处；最后重新肯定对方的整体表现状态。通俗的意思是：先褒奖，再说实情，最后说一个总结的好处。图 5-17 所示为三明治赞美法的表达形式。

在日常生活和运营者销售中，运营者可以通过三明治赞美法进行销售。例如，当粉丝担心自己的身材不适合某条裙子时，运营者就可以对粉丝说："这条裙子不挑人，大家都可以穿，虽然这条裙子的尺寸不适合你，但这款裙子的风格非常适合你，不妨尝试一下。"

图 5-17　三明治赞美法的同理心表达图示

5.4.3　强调法

强调法，就是需要不断地向用户强调这款商品多么好、多么适合用户，类似于"重要的话说三遍"这个意思。

当运营者想大力推荐某款商品时，就可以不断地强调这款商品的特点，以此营造一种热烈的氛围，在这种氛围下，粉丝很容易跟随这种情绪，不由自主地就会下单。运营者可以在带货时，反复强调此次直播间商品的优惠力度，例如福利价五折、超值优惠、购买即送某某商品等。

5.4.4　示范法

示范法也叫示范推销法，就是要求运营者把要推销的商品，展示给用户去看、摸、闻，从而激起用户的购买欲望。

由于直播销售的局限性，用户无法亲眼看到商品，这时就可以让运营者代替消费者来对商品进行体验。对于粉丝来说，由于运营者相对更加了解商品的风格和款式，由运营者代替自己来体验，粉丝也会更放心。图 5-18 所示为示范法的操作方法。

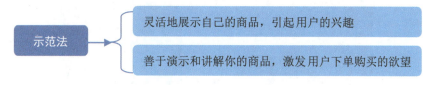

图 5-18　示范法的操作方法

1. 灵活展示自己的商品

示范法是一种日常生活中常见的推销方法，其中涉及的方法和内容比较复杂，因为不管是商品陈列摆放、当场演示，还是模特展示商品的试用、试穿、试吃等，都可以称之为示范法。

它的目的就是让消费者达到一种亲身感受商品优势的效果，同时通过把商品的优势尽可能地全部展示出来，来吸引用户的兴趣。

2. 善于演示和讲解商品

对于销售人员来说，善于演示和讲解商品是非常有必要掌握的，毕竟说得再多，不如让用户亲自使用一下商品，尤其能让用户亲自来试用产品就更好，就像是出售床上用品的商家，会创造一个睡眠环境，让用户在床上试睡。

但直播这种线上销售方式，无法使用户亲自试用，这时，运营者就可以在直播过程中，自己使用商品，通过镜头灵活地展现商品的使用效果。

5.4.5 限时法

限时法是直接告诉消费者，现在举行的某项优惠活动，这个活动到哪天截止，在这个活动期，用户能够得到的利益是什么。此外，运营者还可以提醒消费者，在活动期结束后，商品价格会上涨。

具体来说，运营者可参考这段话："亲，这款服装，我们今天做优惠降价活动，今天就是最后一天了，你还不考虑入手一件吗？过了今天，价格就会回到原价位，和现在的价位相比，足足多了几百元的差距呢！如果你想购买该产品的话，必须尽快做出决定哦，机不可失时不再来。"

通过这种推销方法，用户会产生一种错过这次活动，之后再买就亏大了的想法，同时最后的期限能使用户有一种心理紧迫感。运营者在直播间向用户、粉丝推荐时，就可以积极地运用这种手法，给他们造成紧迫感，也可以在直播界面设置文字来提醒用户。图 5-19 所示为限时法的展示。

图 5-19　直播间限时法的展示

第6章
直播推广：
从多个方面引导用户

学前提示　快手直播推广要想获得成功，运营者就应该有一个周密的策划流程。如果只是敷衍了事，那么就很难获得用户的关注和追捧。本章主要向大家介绍直播推广的5种基本方法，如直播内容推广、直播产品推广、直播活动推广、多平台直播推广和以用户为主进行推广。

6.1 确定直播内容的要求

直播内容是快手直播的灵魂，它不仅决定了运营者能走多远，同时也影响着直播精准推广的程度。本节谈一谈确定直播内容的几个要求。

6.1.1 明确传播点和真实性

随着快手直播行业的发展，内容的模式基于企业和用户的需求而发生了巨大的变化，从而使得在直播内容的准备和策划方面也有了极大的关注点转移：要求明确内容的传播点和注意内容的真实性。

只有这样，快手运营者才能策划和创作出更好的、更受用户关注的直播内容。下面笔者从上述两个方面的要求进行具体介绍。

1．明确内容，找传播点

最初的快手直播更倾向于个人秀和娱乐聊天的内容模式，当直播行业迅速发展和竞争加剧时，此时就有必要对直播内容有一个明确的定位，并选择一个可供用户理解和掌握的直播内容传播点，也就是说，在直播过程中，要有一个类似文章中心思想的东西存在，而不能只是乱侃一气。

直播内容的传播点，不仅能凝聚一个中心，把所要直播的观点和内容精练地表达出来，还能让用户对直播有一个清晰的认识，有利于运营者知名度和形象的提升。

一般来说，所有的快手直播都有一个明确的信息传播点，只是这个传播点在界定和选择的方向上有优劣之分。好的信息传播点，如果再在直播策划中和运行中有明确地呈现，那么直播就成功了一半。

2．直播内容，应该真实

直播是向用户展示各种内容的呈现形式，尽管其是通过虚拟的网络连接了运营者和用户，然而从内容上来说，真实性仍然是其本质要求。

当然，这里的真实性是一种建立在发挥了一定创意的基础上的真实。直播内容要注意真实性的要求，为呈现能和用户产生联系的直播内容，并让它表现在真实的信息和情感两方面，这样才能达到吸引和打动用户的传播目标。

作为直播内容必要的特质，真实性在很多快手直播中都体现了出来，在此以一个户外运营者为例进行介绍。该运营者一直在快手直播上运营旅游类直播节目，其主要内容是直播在各地的旅游景点。

在互联网热潮的推动下，直播市场持续走高，直播玩法也在不断地推陈出新。而在旅游领域，"直播+旅游"模式不仅能为旅游景点带来巨大的流量，运营者也能在直播过程实现变现。

在直播节目中，运营者不仅会直播出发前往景点的行进过程，如图 6-1 所示，还会在直播中呈现旅游目的地的风景、人文，如图 6-2 所示。另外，运营者在直播过程中，还会对旅游所见所感进行生动形象的描述。可以说，运营者使尽浑身解数，让用户尽可能地感受到直播内容的真实性，让他们好像同运营者一起经历了此番旅行一样。

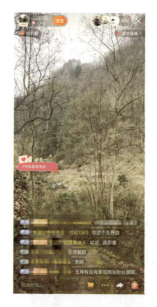

图 6-1　直播前往景点的行进过程

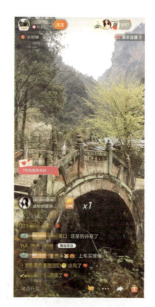

图 6-2　直播目的地的风景、人文

6.1.2　确定直播内容方向

在快手直播发展迅速的环境下，为什么有些直播关注的用户数量非常多，有些直播关注的用户却非常少，甚至只有几十人？其实，最主要的影响因素有两个，一是对内的专业性，二是对外的用户兴趣。

这两个原因之间是有紧密联系的，在直播中相互影响、互相促进，最终实现推进直播行业发展的目标，下面笔者将对这两个因素分别进行详细介绍，帮助大家更好地确定直播内容的方向。

1．从内来看，专业素养

就目前视频直播的发展而言，个人秀场是一些新人运营者最初的选择，也是相对容易作出的选择。

在这样的直播时代环境中，快手平台和运营者应该怎样发展才能让直播内容达到专业性要求呢？关于这一问题，可以从以下 3 个角度考虑。

（1）基于快手直播平台的内容安排和运营者专业素养，直播擅长的内容。

（2）基于用户的兴趣，从专业性角度对直播内容进行转换，直播用户喜欢的专业性内容。

（3）根据内容稀缺度确定内容，用户除了喜欢专业性的内容外，往往还喜欢新奇或新兴的事物。

运营者在选择直播的内容方向时，可以基于现有的平台内容和用户而延伸发展，创作用户喜欢的直播内容。

在快手直播中，如果用户总会表现出倾向某一方面喜好的特点，那么运营者在直播时就可以从这一点出发，找出具有相关性或相似性的主题内容，这样就能在吸引平台用户注意的同时，增加用户黏性。

例如，一些用户喜欢欣赏手工艺品，那么这些用户就极有可能对怎样做那些好看的手工艺品感兴趣，因而可以考虑推出有着专业技能的直播节目和内容，实现直播平台上用户在不同节目间的转移。因此，运营者既可以介绍手工的基础知识和历史，又可以教会用户欣赏手工艺品，还可以从手工制作领域的某一点出发进行直播，如图6-3所示。

图6-3 手工直播

2．从外来看，迎合喜好

直播是用来展示给用户观看的，是一种对外的内容表现方式。因此，在策划快手直播时，最重要的不仅是其专业性，还有其与用户的相关性。一般来说，用户喜欢看的，或者说感兴趣的信息主要包括 3 类，如图 6-4 所示。

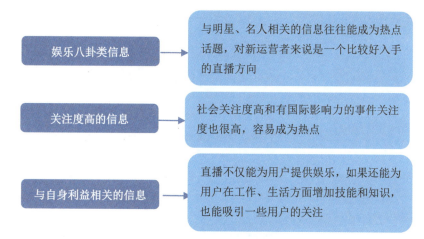

图 6-4　用户感兴趣的信息

从图 6-4 中这 3 类用户感兴趣的信息出发来策划直播内容，这为吸引用户注意力提供了基础，也为直播增加了成功的筹码。

除此之外，还可以把用户的兴趣爱好考虑进去。如女性用户一般会对一些美妆、美食和服装类的内容感兴趣，而男性用户往往会对球类、游戏、电竞和数码等内容感兴趣。因此，快手直播上关于这些方面的直播内容往往比较多，如图 6-5 所示。

图 6-5　与用户兴趣爱好相符的直播内容举例

6.1.3 直播特色内容

快手直播内容非常广泛，下面简单介绍一些内容及其内容要点，如图 6-6 所示。

图 6-6　直播的特色内容

对于运营者来说，要想打造出优质的直播内容，这就需要运营者在综合考察市场的基础上，充分了解当前的潮流热点和用户的消费习惯，抓住这些关键点，然后打造一个符合这些关键点的优质内容，他的直播才能吸引粉丝的追捧和用户聚焦。

6.1.4 把握热点话题

一般来说，用户购买某一产品，首先考虑的是产品能给他们带来什么好处，即产品能影响到用户的哪些切身利益。

如果某一产品在直播过程中所突出体现的产品热点和特点,能让用户感到它们于自己是有益的,那么运营者就能打动用户,并激发他们购买产品的欲望,实现营销目标。因此,在直播过程中,运营者要懂得大胆地展示产品的特点。

1. 实际操作,更为直观

在展现产品给用户带来的变化时,直播与其他内容形式最大的不同就在于它可以更清楚直观地告诉用户肉眼所能看见的变化,而不只是利用单调的文字做出描述。

作家在状物写景时利用文学手法,把物体和景物真实地呈现在读者面前。然而,用户在脑海中通过文字构筑的画面,和呈现在眼前的实际画面还是存在一定差距的。其实,这也就是文字与视频的区别。

因此,在直播中,运营者利用实际操作把产品所带来的改变呈现出来,可以更好地让用户看到产品的特点,感受产品的真实效果。

这种直播内容的展现方式在服装和美妆产品中比较常见。图6-7所示为涂抹口红颜色效果对比。通过对比,用户可以很直观地感受产品的使用效果,而运营者则可以结合使用体验,将产品的特点告知用户。

图6-7 直播中口红颜色效果对比

2. 完美融合,特点热点

在快手直播中,特点和热点都是产品营销的主要元素,要想在市场中实现更好、更快地营销,打造出传播广泛的直播,就应该"两手抓",并实现完美融合。

例如,在三伏天期间,"高温""酷暑"成为热点,人们关心的重点是"凉""清凉"等,于是某一茶叶品牌推出了有着自身特点的冷泡茶单,帮助人们度过炎炎夏日。

可见,在直播中,运营者如果能够将产品特色与时下热点相结合,让用户产生兴趣,进而关注直播和直播中的产品,从而产生购买欲望。

6.2 直播产品推广

对于从事带货的运营者来说,进行产品展示是一个关键环节。运营者通过对产品的介绍,向观众和粉丝进行展示。例如服装直播,运营者需要展示服装的风格、版型、材质和上身效果等情况,从而吸引顾客的注意力,使顾客产生购买的想法。图 6-8 所示为运营者在直播间展示服装的上身效果。

图 6-8 运营者在直播间进行服装展示

但是,运营者想完成这一个环节的关键核心点,除了自身的影响因素之外,就是产品因素最起作用。产品作为直播带货中的主角,可以说决定了直播间的生命年限。例如,在爱心助农计划下,农产品电商化迅速发展,用户对于农产品的需求也与日俱增,促使一大批农产品供应基地迅速发展起来,如图 6-9 所示。

虽然,农产品供应基地在一定程度上保证了货源的充足,但是运营者想要推广优质的农产品,就需要对货源的质量严格把关。

和在网上购物一样,顾客虽然完成了对产品的下单行为,但是当顾客收到产品后,一旦产品的质量不符合自己心中所想,极可能的是,顾客再也不会有第二次购买的需求和想法了。

图6-9 农产品供应基地

这种一次性购买行为的现象,对于快手运营者来说,不仅无法获得忠实的用户,还可能由于用户的差评,导致运营者形象受损,影响更多其他用户的判断,实在是不利于产品推广。图6-10所示为用户购买的决策流程。

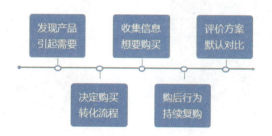

图6-10 用户购买的决策流程

如果想让初次购物的用户有复购行为,使普通用户转变成忠实用户,关键是运营者所提供的产品可以让用户满意和喜欢。

现代人常常有一种习惯性的购买行为,简单来说就是,用户在多次购买后会形成习惯性的反应行为,当他在选择某种产品时,总是会倾向于曾经购买过的产品。这表明,只要产品让顾客有依赖感和信任感,顾客再次下单购买的概率就非常大。

比如,现在大众对于原生态农产品的需求是非常庞大的,尤其是居住在大城市的消费人群,并且在大众心中,对原生态农副产品的质量也更加信任,尤其是在山上放养的家禽。

面对这种长期且大规模存在的需求,对于从事农产品带货的运营者来说,如果自己的货源好,质量有保证,可以满足用户在日常生活中的需求,那么用户出于习惯和信任的心理作用,在关注运营者直播间后,就很容易在同一间直播间去购买产品。

6.2.1 提高产品推广的精准度

运营者在进行直播带货前,首先要学会对产品进行基本情况分析,确保货源的质量,了解产品的受众群体才能进行下一步行动。这样可以保证运营者在后续的直播带货工作中,能够获得经济效益。除此之外,运营者只有找到自己的用户,才可以对他们进行系统和详细的分析。

只有通过有针对性地对用户群体进行产品介绍,运营者才能切中用户的需求,让他们产生购买行为,从而提高产品推广率。接下来笔者将向各位读者讲述,如何通过对产品受众进行相关信息的了解,寻找匹配的货源。

运营者要学会了解粉丝的年龄等个人情况,从而判断出他们的关注点,分析他们的购物心理,进而运营者选择货源时,就会有侧重点。图 6-11 所示为快手直播上的两个直播间,通过运营者在直播间展示的风格就可以大致了解其粉丝的群体类型。

图 6-11 直播间风格所针对不同的人群

第一幅图风格更加正式、沉稳，并且进行的是减肥器材的销售，可以反映该运营者面向的主要是减肥和健身人群；第二幅图风格更活泼、时尚，并且带货的运营者也是年轻时尚的女性，可以看出其产品受众为时尚、追求设计的都市女性。

不同的用户，有着不同的信息关注点，进入直播间的用户的性别、年龄和需求点都可能存在不同之处，自然他们对于产品的关注重心也会不一样。同样一件产品，对于年轻女性来说，可能会看重它的美观性和精致感，而对于年纪较大的女性来说，可能更加关注产品的实用性。

6.2.2 提升产品推广的成功率

如何提高粉丝黏性一直是运营者非常关心的一点。在快手直播平台上，有无数的直播间可供用户去点击和观看。这时，不仅需要运营者的个人魅力去吸引、留住粉丝，也需要通过产品推广来打动粉丝的心。而对于这些有消费需求、消费能力的粉丝来说，产品的质量款式和价格最牵动他们的注意力。

运营者在选择商品时，最好学会自主选品。因为只有商品选得合适恰当，才能保证粉丝的转化率。至于运营者如何掌握选品技巧，可以根据笔者下面所提供的两个要点进行了解。

1．了解选品原则，进行选品工作

选品，实际上是为平台匹配的兴趣用户选品。在找到精准的用户群体后，快手运营者需要根据受众群体进行选品。它要求运营者在推销一款产品前，需要对其进行基本了解，判断市场需求，了解这件产品的需求空间和需求量。

2．分析产品特色，培养选品思路

从选品技巧方面来说，运营者如何树立起选品思路是一个关键点。只有树立好的选品思路，运营者才能让自己在选品过程中，更加便捷快速地选择商品，同时还能保证选择的商品有一定的消费市场。下面向各位读者介绍3点带货选品思路。

1）普通产品中找出特色产品

从普通产品里找出特色产品，就是找出比普通产品更加有特色的产品。例如，牙刷是非常普通的日常生活用品，没有什么特别之处，也找不出什么特别的花样，但是现在，它也可以以新的模样出现在大众视野中。

电动牙刷就是其中一种改变，只需要充电，功能全自动，通过电动机芯即可快速震动或者旋转帮助用户自动刷牙，不仅清洁得更干净，还能为用户进行口腔按摩。

2）寻找有特定用途的产品

特定用途的产品，则表明它是有明确的目的和用途的，用户购买这种产品时，更注重它的功能性。比如，塑型内衣，就可以起到保持身材的效果，这就是一种有特定用途的产品。

3）了解产品本身的利润情况

对于快手运营者来说，直播带货必然涉及产品的利润。运营者进行直播，就是希望获较大的经济价值。在选品方面，如果不根据产品的利润情况进行分析，从而选品，很容易导致的情况就是，运营者付出了极大的精力去卖货，结果利润微薄，甚至还需要倒贴。如果出现这种情况，这款产品即使再适合自己的粉丝，也需要慎重考虑。

6.3 直播活动推广

运营者在直播时，可以通过举办活动来激发受众参与互动的积极性。本节主要介绍直播活动开场技巧和直播互动等玩法，来帮助运营者做好直播活动的策划和推广。

6.3.1 直播活动常见的开场方式

在直播活动开始时，一个合适的精彩的开场能够让受众眼前一亮，对直播活动充满兴趣和好奇。所以，本节就来讲解直播开场设计的4大要素，以及直播活动的开场形式，帮助运营者取得快手直播活动的"开门红"。

1. 开场设计的要素

俗话说："好的开始是成功的一半。"直播活动的开场设计非常重要，直播开场给受众留下的第一印象，是决定用户是否继续留在直播间观看的关键。所以，快手运营者要做好开场设计可以从以下几点着手。

1）激发兴趣

直播开场设计的第一要点就是要激发用户的兴趣，只有让用户对直播内容感兴趣，直播才有进行下去的意义。因此，运营者可以利用幽默的语言与新奇的道具等来引起用户的兴趣。

2）引导推荐

由于直播前期宣传和快手平台自身所带来的流量有限，所以在直播活动开始时，运营者需要利用现有的用户数量来为自己拉新，以增加观看的人数，提高直播间的人气。

3）场景带入

因为每个用户观看直播时所处的环境都不一样,所以运营者要利用直播开场让所有的用户快速地融入直播活动的场景之中。

4）植入广告

营销是举办直播活动的目的之一,所以在直播开场时,运营者可以从以下几方面植入广告,渗透营销目的,如图6-12所示。

图6-12　直播开场中植入广告的方法

2.活动开场的形式

在直播活动策划中,常见的开场形式有以下6种,如图6-13所示。

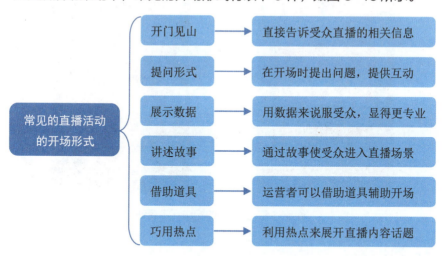

图6-13　常见的直播活动的开场形式

6.3.2　5种直播互动的玩法

在直播活动中,运营者可以通过评论互动、情节参与、赠送红包、发起任务和礼物打赏等方式与粉丝进行互动,以提高直播间的活跃度。

1. 评论互动

评论互动使不同时空的人有了交集，在同一场直播中，他们用文字进行沟通和交流，而所有观看直播的用户就成了这场交流的见证者和参与者。

2. 情节参与

在户外直播中，运营者可以按照用户的要求安排直播内容的情节，以提高用户的参与感。例如，某些运营者就经常按照粉丝的要求策划直播内容。

3. 赠送红包

在快手直播带货中，运营者可以利用赠送红包等优惠活动来提高受众的购买欲望，促使受众下单，提高直播间产品的销量，如图6-14所示。

图6-14　直播间的赠送红包活动

4. 发起任务

运营者可以在直播平台通过发起任务来和用户一起参与活动，增加和用户互动的机会，调动他们参与任务的积极性。

5. 礼物打赏

礼物打赏是直播间常见的互动模式，粉丝给运营者打赏礼物是出于对运营者的喜爱和认可，所以运营者应该对赠送礼物的粉丝表示由衷的感谢，并利用这个机会与粉丝积极地沟通交流、联络感情。

6.3.3 如何欢迎用户

在直播过程中，运营者如果能够掌握一些技巧，可以让直播活动效果变得更好。本节对直播活动通用话术进行分析和展示，帮助大家更好地提升直播活动的吸引力。

1．用户进入，表示欢迎

当有用户进入直播间之后，直播评论区会有显示。运营者在看到进入直播间的用户之后，可以对其表示欢迎。

当然，为了避免欢迎词过于单一，运营者可以通过一定的分析之后，根据自身和观看直播的用户的特色来制定具体的欢迎词。具体来说，常见的欢迎词主要包括以下 4 种。

（1）结合自身特色。如："欢迎 XXX 来到我的直播间，希望我的产品能够给您带来便利。"

（2）根据用户的名字。如："欢迎 XXX 的到来，看名字，你是很喜欢玩 XXX 产品吗？真巧，这个产品我也很喜欢。"

（3）根据用户的账号等级。如："欢迎 XXX 进入直播间，哇，这么高的等级，看来是一位大佬了，求守护。"

（4）表达对忠实粉丝的欢迎。如："欢迎 XXX 回到我的直播间，差不多每场直播都能看到你，感谢你一直以来的支持。"

2．用户支持，表示感谢

当用户在直播活动中购买产品，或者给运营者送礼物时，运营者要对用户表示感谢。

（1）对购买产品的感谢。如："谢谢大家的支持，XXX 产品不到一个小时就卖出了 500 件，大家太给力了，爱你们哦。"

（2）对刷礼物的感谢。如："感谢 XX 哥的礼物，这一下就让对方失去了战斗力，估计以后他都不敢找我 PK 了。XX 哥太厉害了，给你比心。"

6.3.4 用提问引导用户

如果在快手直播中要向用户提问，运营者可以使用更能提高用户积极性的话语。对此，笔者认为，运营者可以从两个方面进行思考，具体如下。

（1）提供多个选择项，让用户自己选择。如："接下来，大家是想让我推荐水果,还是零食呢?"

(2)让用户更好地参与其中。如:"想让我推荐水果的打1,想让我推荐零食的打2,我听大家的安排,好吗?"

6.3.5 引导用户助力

运营者要懂得引导用户,根据自身的目的,引导用户助力。对此,在直播活动过程中,运营者可以根据自己的目的,对用户进行引导,具体如下。

(1)引导购买。如:"天啊!果然好东西都很受欢迎,半个小时不到,XXX已经只剩下不到一半的库存了,要买的宝宝抓紧时间下单哦!"

(2)引导刷礼物。如:"我被对方超过了,大家加把劲,让对方看看我们的真正的实力!"

(3)引导直播氛围。如:"咦?是我的信号断了吗?怎么我的直播评论区一直没有变化呢?喂!大家听不听得到我的声音呀,听到的宝宝请在评论区扣个1。"

每场直播活动都有下播之时,当直播活动即将结束时,运营者应该向用户传达下播信号。那么,运营者如何向用户传达下播信号呢?运营者重点从3个方面进行考虑,具体如下。

(1)感谢陪伴。如:"直播活动马上就要结束了,感谢大家在百忙之中抽出宝贵的时间参与我的直播活动。你们就是此次直播活动的动力,是大家的支持让我一直坚持到了现在。期待下次直播还能再看到大家!"

(2)直播预告。如:"这次的直播活动接近尾声了,时间太匆匆,还没和大家玩够就要暂时说再见了。喜欢运营者的朋友可以在明晚8点进入我的直播间,到时候我们再一起玩呀!"

(3)表示祝福。如:"时间不早了,我要下班了。大家好好休息,做个好梦,我们来日再聚!"

6.4 多平台直播推广

随着互联网营销的不断发展,各种有助于营销的工具、软件以及平台应运而生。运营者要学会将直播推广出去,也是直播运营中不可或缺的一环。就算运营者介绍得再好,内容再优质,如果没有恰当的推广,那么营销效果也无法达到理想状态。本节将向大家介绍在直播中推广的方法和诀窍。

6.4.1 利用社交网络自由推广

比如,在微博平台,运营者只需要用短短几行字就能表达自己的看法,这样便捷、快速的信息分享方式使得大多数企业、商家和直播平台开始抢占微博营销平台，利用微博"微营销"开启网络营销市场的新天地。

在微博上引流主要有两种方式，一是展示位展示相关信息，二是在微博内容中提及直播，其中最常见的就是在微博内容中提及直播或者相关产品，增强宣传力度和知名度。例如，运营者可以在微博里分享自己的直播链接，借此吸引更多粉丝。

微信与微博不同，微博是广布式，而微信是投递式的营销方式，引流效果更加精准。因此，粉丝对微信公众号来说尤为重要。

尤其是微信朋友圈，相信不用笔者说，大家都知道，运营者可以利用朋友圈的强大社交功能为自己的快手账号吸粉引流，前文有具体描述，此处就不赘述了。因为与陌生人相比，微信好友的转化率比较高。例如，我们可以将直播间分享到朋友圈，如图6-15所示；好友只需要长按图片，就跳转至快手小程序直接观看直播，如图6-16所示。

图6-15 朋友圈推广直播

图6-16 点击观看直播

这种推广方法对于刚入门的运营者更适用，因为熟人更愿意帮助你进行推广，逐渐扩大影响力，这样才能吸引新用户的注意，获得更多流量。

6.4.2 建立品牌口碑专业推广

本身口碑就较好或者规模较大的运营者，在推广快手直播时可以利用自身口碑进行推广。本小节将介绍两种最典型也最有效的方式。

1. 自有平台和自媒体推广

现在企业运营者都拥有自己的平台，因此在做直播营销时就可以利用自有平台推广自己的品牌。比如某手机品牌商家不仅会在快手上直播，还会在自己的官方网站推送直播消息，会在京东商城推送京东直播的消息等。

首先就是官网推广，该手机品牌利用官网进行直播推广能获得更大的浏览量，用户可以通过官网第一时间了解该手机品牌的直播动态。接下来是微博和微信公众号等第三方平台的推广。总而言之，企业运营者利用自有平台推广直播，更能培养粉丝的互动度和忠诚度。

此外，自媒体推广也是利用口碑推广的一种绝佳方法。例如，某手机品牌的很多直播，都是公司创始人主持的，这样能吸引更多的用户。因为创始人能以自身的魅力获得用户的青睐，所以他们往往是进行直播的最佳人选。他们可以利用自身强大的影响力，在微信个人号、朋友圈、微博和空间中推广直播，这样效果更加明显。

大运营者可以凭借自身的品牌影响力来做直播推广，无论是运营者的自有平台，还是其他平台都可以进行，这就是大运营者的优势所在。当然，如果小运营者想要利用这种方式进行推广，可以主动申请创建自有平台。

2. 利用展览、会议提升热度

品牌运营者可以通过举办展览和开会等方式进行直播推广，因为这些活动通常会引得众多媒体参与，从而提升运营者的品牌影响力。在此过程中为了宣传运营者的品牌，可以加入直播，从而达到推广直播的目的。那么具体应该怎么做呢？笔者总结了3点，即发传单、做PPT展示、发宣传册或纪念品。总之，利用口碑和品牌进行推广是一种既方便又高效的推广方式，只要运用恰当就会取得良好的成效。

6.4.3 论坛推广的内容很丰富

论坛是为用户提供发帖回帖的平台，它属于互联网上的一种电子信息服务系统。在传统的互联网营销中，论坛社区始终是比较重要的一个推广宣传平台。一般情况下，早期的目标用户都是从论坛社区中找到的，再通过发掘和转化，提高用户转化率，逐步打造品牌。

在论坛中进行快手直播推广，最重要的就是运营者要找准热门论坛，然后投放直播信息。比如搜狐社区、天涯社区、新浪论坛、百度贴吧和博客等，都是热门的论坛代表。在这里投放直播信息的步骤为：首先，收录相关论坛；其次，在收集的论坛里注册账号；再次，撰写多篇包括直播推广内容的软文，保存好；最后，每天在这些热门论坛有选择性地发帖，做好相关记录，如果帖子沉了，用马甲号顶上。

值得注意的是，如果运营者想要让用户关注帖子内容，并注意到所推广的直播信息，就要多在论坛中与用户互动。在互动之后，论坛中关于直播的内容就会渐渐进入用户的视野，直播也就得到了推广。

6.4.4 提取关键词的软文推广

软文推广主要是针对一些拥有较高文化水平和欣赏能力的用户，对他们而言，文字所承载的深刻文化内涵是很重要的。所以，软文推广对于各大营销行业来说都很实用。在快手直播运营中，软文推广也是不可缺少的，而如何掌握软文推广技巧则是重中之重。随着硬广告渐渐退出历史舞台，软文推广的势头开始上涨，而且以后还会慢慢占据主导地位。

比如，当年的许多品牌都是巧妙地通过软文推广才获得了如今的口碑，有效地提升了品牌的影响力，从而创下了惊人的销售业绩。当然，这都是因为他们掌握了一定的软文推广技巧。那么，在软文直播推广中，快手运营者应该怎么做呢？下面介绍两种软文直播推广的技巧。

1. 原创软文 + 关键词

原创是推广任何内容都需要的，软文直播推广更是少不了原创，只有原创才能吸引用户的兴趣。在直播营销推广中，关键词的选取是软文写作的核心。快手运营者如何选取关键词也有相关标准，如实用价值、略带争议和独特见解等。

2. 热门网站 + 总结经验

当运营者有了优秀的软文推广内容，接下来就该找准平台发布软文推广直播信息了，像一些人气高的网站往往就是软文发布的好去处，而且发布之后还可以在网站上与他人交换经验。

目前网上已经有了一些专业的软文发布平台，另外还可以将软文推广发布到博客、论坛等平台上，效果也不错。当然，在网站上发布软文直播推广也有不少注意事项，笔者总结了3点，如图6-17所示。

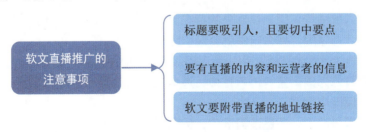

图 6-17 软文直播推广的注意事项

运营者不要以为发完直播推广软文就完事大吉了，发完之后总结经验也是相当重要的。比如用户喜欢哪一类软文，为什么有的软文没有达到预期效果，软文发布到哪个平台反响相对好一些等。运营者在平时的工作中多多总结并积累经验，就能够使得软文推广效果越来越好。

6.4.5 跨越平台进行联盟推广

从直播运营角度来说，没有用户就没有影响力。因此，吸引用户和提高人气是直播运营的生存之本。在进行直播内容传播时，运营者切不可只依赖单一的平台，在互联网中讲究的是"泛娱乐"战略，运营者可以以内容定位为核心，将内容向游戏、文学、音乐和影视等互联网产业延伸。

在"泛娱乐"战略下，运营者可以将自己创作的优质内容实现跨新媒体平台和行业领域进行传播，使内容延伸到更加广泛的领域，吸引更多的粉丝来关注。此外，运营者还可以借助各种新媒体平台，让内容与粉丝真正建立联系。同时，这些新媒体具有的互动性和不受时间空间限制的特点，能让快手直播推广取得更好的效果。

6.4.6 通过借势、造势扩大影响

借势推广是抓住热点的一种推广方法，热点的传播速度如同病毒蔓延一般，让人猝不及防。运营者想要获得更多的浏览量，就需要借助热点事件的影响力。此外，"借势+手机通知栏推广"模式也是一种比较好的直播推广方法，值得各大运营者借鉴和应用。

除了借势推广外，造势推广也是运营者需要学会的推广技巧，造势的意思就是如果没有热点事件可以借势，就自己创造出热点事件，引起用户注意。

造势推广需要一个过程，首先在直播还没开始前就应该营造气氛，让用户知道这件事情，以便直播开始时有一定量的用户关注；其次是主题的确定，运营者应该根据产品的特色来设计直播主题；最后是通过透露消息来吸引用户，使用户心甘情愿地为直播买单。

直播造势推广的方法多种多样，最典型的就是众多大运营者常用的利用自身品牌和代言人等造势。因为其本身的存在就是一种势，在快手直播开始时，只要运营者有意营造氛围，那么自然就会吸引眼球。

例如，某些运营者选择利用快手直播吸引用户的关注，在直播还没开始之前，快手就已经开始为该运营者进行宣传，造势推广的效果很不错。图6-18所示为快手造势直播推广案例。

不管是借势推广，还是造势推广，运营者都要付出一定的心血，只有细心经营才能助力直播，使其变得火热起来，从而达到直播推广的目的。

图 6-18 快手造势直播推广案例

6.5 以用户为主进行推广

俗话说："好的开头是成功的一半。"做好直播推广的第一步，就是选好直播主题。因此，运营者如何确立直播主题，并以此吸引用户观看直播，这是直播推广中极为关键的一个步骤。

本节笔者将向大家介绍几种确立直播主题的方法。

6.5.1 明确直播目的

首先，如果快手运营者的账号是企业账号，那么运营者要明确直播的目的，是想要营销，还是要提升知名度？如果只是想要提高销售量，就可以将直播主题指向卖货方向，吸引用户购买产品；如果目的是想要通过直播提升企业知名度和品牌影响力，那么直播的主题就要策划得宽泛一些，最重要的是要具有深远的意义。

总的来说，直播的目的大致可以分为3种，分别是短期营销、持久性营销和提升知名度。

关于持久性营销的直播主题策划，这个值得细讲。这个类型的直播策划，其直播的目的在于通过快手直播平台推广，获得比较稳定的用户。因此，运营者在策划直播的主题时，应该从自己产品的特点出发，突出优势，或者直接在直播中给用户教授一些实用的知识与技巧。这样一来，用户就会对运营者产生好感，并主动成为运营者的"铁杆粉丝"。

譬如，某些运营者在直播间里卖包包，其直播标题是非常有魅惑力的——"如何选择适合自己的包包？"这个标题能很好地抓住女性用户的爱美心理，使她们与运营者的直播内容产生共鸣。

许多用户在观看完直播后能产生一种获得感，所以他们对下次直播会带来什么精彩内容充满期待。这就是持久性营销的直播目的，它可以实现长久性销售，也可以让直播得到更广泛而深刻的推广。

6.5.2 迎合用户口味

在服务行业有一句经典的话叫作"每一位顾客都是上帝"，在直播行业用户同样也是上帝，因为他们的热情直接决定了直播的热度。一般来说，没有人气的直播是无法维持下去的。因此，直播主题的策划应以用户为主，从用户的角度出发，可以采取以下 3 种方法，如图 6-19 所示。

```
                  ┌─ 运营者可以采用讲故事的方式引起用户情感共鸣
从用户的角度     ─┤
切入的 3 种方法   ├─ 运营者可以积极调查用户喜爱的话题或主题
                  │
                  └─ 运营者也可以利用投票或调查问卷选主题
```

图 6-19　从用户的角度切入的 3 种方法

从用户的角度切入，最重要的是快手运营者要了解用户究竟喜欢什么，他们对什么类型的直播内容感兴趣。那些"大 V"直播为什么如此火热？用户为什么会去看？原因就在于那些直播迎合了用户的口味。

现在关于潮流和美妆的直播比较受欢迎，因为平台用户大多是年轻群体，对于时尚有自己独特的追求，比如"清新夏日，甜美时尚减龄搭""小短腿的逆袭之路""微胖女孩儿的搭配小技巧"等主题都是用户喜爱的。而关于美妆的直播，更是受到广大女性用户的热烈追捧。

例如，淘宝直播有一个名叫"大码胖 XXX"的运营者，专门直播微胖女生的穿搭技巧。在直播中，运营者亲自试穿不同的服装，利用服装搭配的技巧来掩盖身材的缺点，如图 6-20 所示。同时，如果用户觉得运营者试穿的衣服也适合自己，就可以点击相关链接直接购买，如图 6-21 所示。

图 6-20　穿搭直播　　　　图 6-21　穿搭直播购买界面

除此之外，各种新鲜热点、猎奇心理等主题也能勾起用户的兴趣，达到推广直播的目的。

6.5.3　抓住时事热点

在互联网发展得无比迅速的时代，热点就代表了流量。因此，快手运营者及时抓住热点是做直播推广的不二之选。在这一点上，运营者要做的就是抢占先机和迅速出击。

打个简单的比方，如果一个服装设计师想要设计出一款引领潮流的服饰，那他就要对时尚热点有敏锐的洞察力。确立直播主题也是如此，运营者一定要时刻注意市场趋势的变化。

当然，运营者抓住热点是极其关键的，抓住热点是进行直播推广的基础，但仅仅抓住热点还远远不够，最重要的是运营者如何利用热点快速出击。这是一个比较周密的过程，笔者将其总结为 3 个阶段，如下所示。

（1）宣传阶段：从切入角度和发布渠道着手。

（2）策划阶段：从文案撰写和海报布局着手。

（3）实施阶段：抓住时间点，主动出击。

总之，运营者既要抓住热点，又要抓住时间点，同时还要抓住用户的心理，这样才能做出一个容易推广的直播主题。

6.5.4 打造噱头话题

运营者制造一个好的话题,也是进行直播推广的法宝。当然,运营者制造话题也是需要技巧的,比如利用噱头来打造话题会使很多用户为此注目。所谓噱头,即看点和卖点。运营者巧用噱头打造话题,可以令用户为之兴奋。利用噱头打造话题的3种方法,如图6-22所示。

```
                    ┌─ 运营者可以引用关键热词作为直播推广的噱头
利用噱头打造话题的方法 ─┼─ 运营者可以抛出自己的信息,主动制造噱头
                    └─ 运营者还可以将爆炸性新闻直接当作噱头
```

图 6-22 利用噱头打造话题的方法

第 7 章
直播营销：
让更多用户成为新粉丝

学前提示　快手直播具有即时性、互动性和面对面的特点，对运营者积累人气、推广品牌等有很大的帮助，因此，运营者了解直播营销的知识技巧是相当重要的。

本章将为大家介绍直播营销的相关内容，帮助运营者提高营销能力，获得更多粉丝关注。

从零开始做快手电商：引流涨粉＋直播带货＋橱窗小店＋广告盈利

7.1 提高直播竞争力

在直播营销中，运营者自身的因素也是关键的，例如在服装直播中，年轻的时尚女性是服装购买用户中的主力军，外表颜值较高的运营者会有较强的竞争力。除此之外，具有竞争力的直播还与营销方向的转变、直播关系的转变、直播技术的提升有关。

7.1.1 营销方向的转变

在直播中，将原本销售关系中的"货品"的营销转变为"内容"的营销，直播的"内容"营销主要可以分为直播间标题诱惑力和运营者直播的能力两种，下面笔者将进行详细介绍。

1．直播间标题诱惑力

如图 7-1 所示，为快手带货直播，其标题大多是它们自己的店铺名字，如"××饰品服饰"，以其店铺名字吸引用户观看。如图 7-2 所示，也是快手带货直播，它的直播间标题与产品定位相关。

图 7-1　直播标题案例 1

图 7-2　直播标题案例 2

2．运营者直播的能力

运营者在直播销售中可以添加实用内容，在销售产品同时，让用户获得额外的收获。例如，在美妆品牌的直播带货中，运营者利用产品进行演示，让用户在购买的同时，学习到更多的化妆技巧，如图7-3所示。

图7-3　在直播间介绍化妆技巧

除此之外，具备良好的专业素养也是优质运营者的特性。例如，在直播中能迅速找到直播产品的特点，并且进行有针对性的介绍，以提高直播产品销售量。在快手直播中，与用户沟通的很可能只是运营者，而不是合作的商家。因此，运营者在直播中具有重要作用，这也导致了商家在直播合作中，更倾向于与头部运营者进行合作。

7.1.2　聚焦于从人到人的社交圈

在快手直播上，新型电商直播依靠的主要是"从人到人"的社交关系，读者可以从以下两方面进行理解。

1）用户分享直播

用户对产品感到满意后，愿意推广分享给自己的朋友圈。例如，运营者可在快手直播间派发小红包，让用户在朋友圈分享直播。用户通过分享，可领取小红包，而运营者也可以获得更多的粉丝。

2）体现运营者与用户之间的关系

运营者在直播过程中，会获得人气以及粉丝，他可以通过经营粉丝，获得更多的粉丝，而且运营者与粉丝之间的关系，也是"从人到人"的社交圈。

在直播中进行互动也是人际交往的一种体现，所以直播中，重点是人，而不是商品，销售的是服务，经营的也是人，整个营销的重点是如何获得用户的信任和提高复购率，以及提升品牌影响力，促进商品价值变现。

7.1.3 以粉丝利益为核心

运营者获得粉丝后，在整个带货过程中，都是以粉丝利益为核心的。本小节主要从明星同款和明星互动进行简要说明。

1．明星同款

在快手直播中，某些运营者会邀请明星参与直播，在这个直播中，粉丝可以通过购买与明星同款的商品使自己在使用产品上与明星之间的距离更近。

2．明星互动

在快手直播中，最关键的是粉丝可以与运营者进行互动。一些明星进行直播时，粉丝可以与明星进行交流，增强明星与粉丝之间的亲密度。因此在明星的直播间内，不光可以满足粉丝与明星使用同款，还可以让粉丝与明星之间进行沟通。

7.2 直播营销秘诀

直播营销不仅能为运营者带来成交量和利益，它还能实现流量增长，使得直播营销形成一个闭环。本节笔者将为大家介绍直播中提供优质内容、直播营销优势和直播营销雷区。

7.2.1 提供优质内容

利用直播进行营销，内容往往是最值得注意的。只有提供优质内容，才能吸引用户和流量。结合多方面综合考虑，为创造优质内容打好良好基础，接下来我们将从内容包装、互动参与、情景诱导、突出卖点、口碑营销、快速分发、事件营销和创意营销等方面讲述如何提供优质内容。

1．内容包装

对于直播的内容营销来说，它终归还是要通过盈利来实现自己的价值。因此，内容的电商化非常重要，否则难以持久。要实现内容电商化，首先要学会包装内容，给内容带来更多额外曝光的机会。

例如，专注于摄影构图的某运营者就发布过一篇这样的直播预告文章："《唐人街探案3》人像构图，教你如何拍出高票房！"通过将内容与影视明星的某些特点相结合，然后凭借明星的关注度，来吸引消费者的眼球，这是直播内容营销惯用的手法。

2. 互动参与

内容互动性是联系用户和直播的关键,直播推送内容或者举办活动,最终目的都是为了和用户进行交流。

对用户和用户互动来说,直播内容的寻找和筛选起着重要的作用。内容体现价值,才能引来更多粉丝的关注和热爱。而且,内容的质量好坏不是体现在粉丝数量的多寡上,而是取决于粉丝的互动频率。

3. 情景诱导

只有直播内容真正打动用户的内心,才能吸引他们长久地关注。也只有那些能够留住与承载用户情感的内容才是成功的。在这个基础上加上电商元素,就有可能引发更大更火热的抢购风潮。

直播内容并不只是用文字等形式堆砌起来就完事了,而是需要用平平淡淡的内容拼凑成一篇带有画面感的故事,让用户能边看边想象出一个与生活息息相关的场景,才能更好地勾起用户继续了解的兴趣。

简单点说,就是把商品的功能通过内容体现出来,不是告诉用户这是一个什么,而是告诉用户这个东西是用来干什么的。比如,在快手直播上,某运营者在介绍厨具时,会结合厨房的具体情景,展示该厨具的功能,如图7-4所示。

图7-4 结合情景展示厨具功能

4．突出卖点

如今，是一个自媒体内容盛行的时代，也是一个内容创作必须具有互联网思维的时代，更是一个碎片化阅读，要爱就要大声说、要卖就要大声卖的时代。

尤其是做直播带货，如果没有在适时的情景下表达卖点，连怎么卖、哪里卖的问题都没有解决的话，可以断定这样的直播内容注定无法吸引用户关注。

此外，带货直播不是简单的美文，也不是纯粹的小说，更不是论坛上无所谓的花边新闻，它的作用就是达成销售。所以，如何激发用户的购买冲动，才是直播内容创造的唯一出路。

5．口碑营销

口碑营销，顾名思义，就是一种基于企业品牌、商品信息在目标群体中建立口碑，从而形成"辐射状"扩散的营销方式。在互联网时代，口碑营销更多的是指企业品牌、产品在网络上或移动互联网的口碑营销。

口碑首先乃是"口口相传"，它的重要性不言而喻，就如某国产手机，其便宜实惠的价格和不俗的名声造就了高层次的口碑形象，它利用直播和口碑让企业品牌在人群中快速传播开来，如图7-5所示。

图7-5　利用口碑营销进行直播带货

6．快速分发

在计算机和生物界，"病毒"都是一种极具传播性的东西，而且还具有隐蔽性、感染性、潜伏性、可激发性、表现性或破坏性等特征。在直播营销中，"病毒营销"确实是一种很好的方式，它可以让企业的产品或品牌在不经意中通过内容大范围地传播到许多人群中，并形成"裂变式""爆炸式"或"病毒式"的传播状况。

7. 事件营销

直播中采用事件营销就是通过对具有新闻价值的事件进行操作和加工，让这一事件带有宣传特色的模式继续得以传播，从而达到理想的广告效果。事件营销能够有效地提高企业或产品的知名度、美誉度等，优质的内容甚至能够直接让企业树立起良好的品牌形象。

8. 创意营销

创意不但是直播营销发展的一个重要元素，同时也是必不可少的"营养剂"。企业运营者如果想通过直播来打造自己的或品牌的知名度，就需要懂得"创意是王道"的重要性，在注重内容的质量基础上更要发挥创意。

一个拥有优秀创意的内容能够帮助企业吸引更多的用户，创意可以表现在很多方面，新鲜有趣只是其中一种，还可以是贴近生活、关注社会热点话题、引发思考、蕴含生活哲理、包含科技知识和关注人文情怀的。

对于直播营销来说，如果内容缺乏创意，那么整个内容都只会成为广告的附庸品，沦为庸俗的产品，因此企业在进行内容策划时，一定要注重创意性。

9. 用户参与

让用户参与内容生产，这个不仅局限于用户与运营者的互动，更重要的是用户真正地参与到企业举办的直播活动中来。当然，这是一个需要周密计划的过程，优质的运营者和策划都很重要。

10. 真实营销

优质内容的定义也可以说是能带给用户具有真实感的直播内容。真实感听起来很容易，但透过网络这个平台再表现，似乎就不那么简单了。首先，运营者要明确传播点，即你所播的内容是不是用户想要看到的，你是否真正抓住了用户的要点和痛点。这是一个相当重要的问题。

11. 内容创新

"无边界"内容指的是有大胆创意的、不拘一格的营销方式。比如平时常见的有新意的广告，某些品牌的广告内容中没有产品的身影，但表达出来的概念却让人无法忘怀。因此，我们可以看出"无边界"内容的影响力之深。

现在很多运营者做直播时，营销方式大多比较死板，其实做直播也应该创新，多多创造一些"无边界"的内容，吸引人们的眼球。

例如，在快手直播中有一个专门卖电子产品的运营者就十分有创意。该运营者的直播内容以"×××手游面临下架，竟因这个"为题，这让人很难想到这是这家店铺为了卖计算机等产品而做的直播。

很多人都以为这是一个日常的直播，没想到后来竟弹出了相关产品的购买链接，而且直播中还讲述了一些与游戏相关的知识，不看到产品链接根本无法联想到是电子产品的营销。

这样无边界的直播内容更容易被用户接受，而且会悄无声息地引发他们的购买欲望。当然，快手运营者在创造无边界内容时，一定要设身处地地为用户着想，才能让用户接受你的产品和服务。

12. 专业讲述

自从直播火热以来，快手平台上网红层出不穷，用户早已对此感到审美疲劳。而且大部分网红的直播内容没有深度，只是一时火热，并不能给用户带来什么用处。

因此，很多企业使出了让 CEO 亲自上阵这一招。CEO 本身就是一个比较具有吸引力的人物，再加上 CEO 对产品通常都有专业性的了解，所以 CEO 亲自上阵直播会让用户对直播有更多的期待。当然，一个 CEO 想要成为直播内容的领导者，也是需要具备一定条件的。笔者将其总结为 3 个方面，如图 7-6 所示。

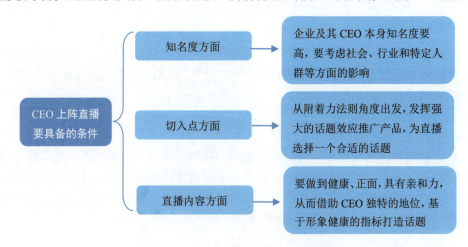

图 7-6　CEO 上阵直播要具备的条件

CEO 上阵使内容更加专业化吸引更多用户关注的同时也要注意直播中的一些小技巧，让直播内容更加优质。

13. 增值服务

很多优秀的运营者在做直播时并不是光谈商品,还提供给用户商品之外的增值服务,要让用户心甘情愿地购买商品。那么,快手运营者如何给用户提供增值服务呢?笔者将增值服务大致分为 3 个方面,如图 7-7 所示。

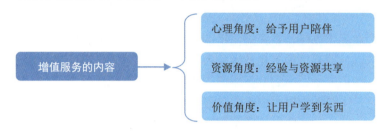

图 7-7 增值服务的内容

最典型的增值服务的内容就是让用户从直播中获得知识和技能。比如,一些直播带货的运营者纷纷推出产品的相关教程,给用户带来更多软需的产品增值服务内容。

例如,淘宝直播中的一些化妆直播,一改过去长篇大论介绍化妆品成分、特点、功效、价格以及适用人群的老旧方式,而是直接在镜头面前展示化妆过程,边化妆边介绍产品。这样,用户不仅通过直播得到了产品的相关信息,而且还学到了护肤和美妆的窍门,对自己的皮肤也有了系统的了解。用户得到优质的增值内容后,自然会忍不住想要购买产品,直播营销的目的也就达到了。

7.2.2 直播营销优势

虽然快手直播营销还处在初级摸索阶段,但直播的互动性营销优势已经成为共识。一般而言,大家对直播的互动印象主要是打赏、发弹幕和送礼物。而本节将围绕快手直播的实时互动性,来介绍快手直播营销的优势。

1. 增强用户的参与感

在直播营销过程中,如果只是运营者一直在介绍产品,那么用户肯定会觉得枯燥无味,就会离开直播间,甚至会取消对运营者的关注。

这时,运营者就应该大力发扬直播平台本身的交互优势,一定要及时与用户互动,这样才会带动用户的参与,增强用户的参与感。比如,在展示商品的同时与观看者进行交流沟通,及时回应用户提出的问题。

例如,在快手直播中,有一位主题为"懒人必备自加热小火锅"的带货直播,在直播中,用户可以提出对产品的各种疑问,然后运营者对其进行解答,比如用户可以提问:"火锅炉优惠多少?"除此之外,如果用户觉得运营者的产品很实用,还可以关注运营者,或者送礼物给运营者。

用户在直播中获得了自己想知道的信息,大大地增强了参与感,已经不能和单纯地观看直播相提并论,这也使得直播营销的业绩不断提升,直播间的人气也不断高涨。

2. 加强企业品牌黏性

加强企业品牌黏性也是直播营销的优势之一,而加强企业品牌黏性需要根据用户的需求进行直播。很多企业运营者也需要向那些人气高的快手运营者学习直播的技巧,他们之所以得到众多用户的喜爱和追捧,原因就在于他们懂得倾听用户的心声,并实时地根据用户的需求进行直播。

那么,企业运营者要做到倾听用户的需求可从3个方面入手,即把握用户心理、及时作出反馈和对直播进行调整。

3. 应用大众从众心理

在直播营销中,不仅有运营者与用户之间的互动,也有用户与用户之间的互动。比如,用户之间用弹幕进行交流,谈论产品的性价比等。

用户在进行交流的同时,会产生一种从众心理,从而提高购买率。因此,快手直播界面还时不时弹出"刚刚有人购买了×××"字眼,以及评论区出现分享购买经历的言论,其目的就是利用用户的从众心理,吸引他们去购买产品,如图7-8所示。

图7-8 与用户互动界面

7.2.3 直播营销雷区

运营者在进行直播营销时,往往容易走入自建平台、盲目从众、擅自经营和侵犯他人等误区,下面笔者将进行具体分析。

1. 自建平台

有些企业会为了营销而自建直播营销平台,这虽然保证了用户的精准度,但却增加了营销成本,不是最佳选择。其实,快手直播平台机制相对比较成熟,且已在市场上崭露头角,能为企业运营者提供专业的帮助。

2. 盲目从众

带货直播不仅是风靡一时的营销手段,还是一个能够实实在在为企业带来盈利的优质渠道。当然,企业运营者要注意的是,不能把带货直播片面地看成是一个噱头,而是要大大提高营销转化的途径。

特别是对于一些以销售为主要目的的企业而言,单单利用网红造势,还不如直接让用户在快手直播平台中进行互动,从而调动用户参与的积极性。

比如,快手直播平台联合家具行业的周年庆进行直播,用户不仅可以在快手上直接观看直播,还可以在直播过程中参与抽奖。这种充满趣味性的互动,大大地促进了用户与品牌的互动。

3. 擅自经营

当下带货直播大热,各种直播经营者一拥而上,面对直播行业的巨大经济利益的诱惑,许多经营单位未经过许可就擅自经营从事网络表演等活动。这在法律上来说,已经涉及了违规经营和超范围经营,按照相关法律法规,文化部门和工商部门都有权对其进行查处。

4. 侵犯他人

在直播内容方面,存在侵犯他人肖像权和隐私权的问题。比如一些网络直播将商场或人群作为直播背景,全然不顾别人是否愿意上镜,这种行为极有可能侵犯他人的肖像权和隐私权。

自从直播逐渐进入人们的日常生活,大家的隐私似乎受到了不同程度的侵犯,甚至还成为他人牟利的工具。用户可以通过某些直播平台,观看不同地方的路况、商场等场景,甚至连生活场景都可以看到。

关于隐私权我们需要清楚两点:第一,隐私权具有私密性的特征,权利范围由个人决定;第二,隐私权由自己控制,公开什么信息全由个人决定。

当我们处在公共领域时,并不意味着我们自动放弃了隐私权,可以随意被他人上传至直播平台。我们可以拒绝他人的采访,也有权决定是否出现在视频直播之中,因为我们在公有空间中有权行使我们的隐私权。

5.逃税暗礁

对于视频直播这个行业,利润的丰厚是众所周知的。很多快手运营者也是看中了这其中的高收入,才会蜂拥而上。

据说,人气火爆的运营者月薪上万元很普遍,再加上直播平台的吹捧,年薪甚至会达到千万元。虽然笔者没有从事这个职业,也不敢确定这个数据是否真是如此,但就算将这个数据减掉一半,那也是相当可观的。

这样可观的收入就涉及了缴税的问题,逃税可能会构成刑事犯罪,如果运营者逃税,不仅对其自身,而且对整个直播行业都会造成极其恶劣的影响。

7.3 直播营销技巧

一个商品,如果仅仅只是通过图片、文字等方式传播和转化,往往难以达到令人惊喜的效果,而且这种营销方式很有可能随着技术和人们生活方式的改变和发展而逐渐失去部分优势。因此,利用直播的方式进行营销可以说具有非常实用的价值,那么如何在快手直播间中进行营销呢?本节中笔者将讲述一些直播营销技巧,帮助运营者提升粉丝关注量。

7.3.1 吸引和沉淀新粉丝

运营者要想在直播间维护好粉丝,可以在直播间标题上进行暗示,在直播间内进行粉丝群的宣传,那么如何促进粉丝入群呢?可以通过以下这几个方法。

1)气氛引导

如果直播间的运营者过于沉闷,则无法调动用户的积极性,更加无法促使粉丝加群,因此运营者需要通过互动提高直播间氛围,例如发红包。图7-9所示为运营者在直播间派发红包,吸引用户加入粉丝团。

另外,快手运营者还可以对新进入直播间的用户表示欢迎,让用户觉得自己受到重视,进而选择停留观看。

2)网络流畅度

卡顿或者画面延迟等直播画面问题的产生会给用户带来不太舒适的观看体验,进而影响粉丝的心情。因此,运营者想要沉淀新粉丝,流畅的画面也是必不可少的。选择合适的直播设备以及稳定的网络,可以为运营者确保直播画面的流畅度。

图 7-9 派发红包活跃气氛

3）观看画面效果

这里的画面效果是指清晰漂亮的效果展示，例如快手直播间的灯光、运营者的服饰以及直播间的背景等。直播的灯光要足够明亮，这样更有利于体现产品的展示效果；直播间的背景可以选择单一干净的背景，也可以在背后放置一些带货产品进行展示。

吸引新粉丝入群之后，运营者需要管理好粉丝群，例如设置管理员，并且要加强线下的交流以及沟通，可以在群内分享一些最新的活动和最近的生活等。

7.3.2 快速响应粉丝要求

智能回复有以下 3 种常用的回复类型：第一种是粉丝输入关键词到直播界面内就可以得到自动回复的内容；第二种是粉丝进入直播间后，会自动邀请粉丝关注运营者；第三种是运营者被粉丝关注后对粉丝的自动感谢回复。设置智能回复，是希望运营者能够及时地与粉丝进行互动和沟通，也方便粉丝获取所需要的信息。

1）运营者信息回复

运营者信息回复主要是向观众或粉丝回复运营者的身高和体重之类信息。顾客在购买服装前，会向运营者询问他的身高和体重作为自己穿着的参考。而现在更多的快手运营者是直接把这类信息显示在直播界面，如图 7-10 所示。

2）商品信息回复

当运营者开始展示下一件商品时，如果有粉丝想再了解一下运营者前面介绍过的商品的产品资讯时，就可以点击直播界面左下角的宝贝口袋后，选择感兴趣的产品，点击"讲解回放"按钮即可进行直播回放，如图 7-11 所示。

图 7-10　直播间里运营者的个人信息

图 7-11　产品直播回放

3）优惠信息回复

运营者可以在产品价格栏里填写优惠内容。这样用户在问及优惠信息时，即使当运营者有事离开直播间，或者忙于产品展示时，粉丝也可以在购物车里看到优惠信息，如图 7-12 所示。

图 7-12　优惠信息回复

7.4　营销与推广相结合

在进行直播营销推广之前，运营者要做好直播营销方案，这样才能按部就班、循序渐进地执行直播的宣传推广工作。本节主要讲述直播营销的方案与宣传引流的方法等，以提升运营者的人气和影响力。

7.4.1　营销方案的 5 大要素

在制定直播营销的方案之前，运营者需要弄清楚直播营销方案的必备要素有哪些，这样才能做好方案内容的整体规划。一般来说，直播的营销方案主要有 5 大要素，其具体内容如下。

1. 直播营销目的

直播营销的方案内容首先要具备的第一个要素就是确定好直播营销的目的，运营者需要告诉参与直播营销的工作人员，我们直播营销的目的是什么。例如，"三八"妇女节将至，某手机品牌为了提高新品预售的销量和扩大品牌影响力，于是在快手直播平台进行了产品营销直播，如图 7-13 所示。

从零开始做快手电商：引流涨粉＋直播带货＋橱窗小店＋广告盈利

图 7-13 某手机品牌的产品营销直播

2．营销内容简介

直播营销方案需要对直播营销的主要内容进行概括，包括直播营销的主题、直播营销的形式和直播营销的平台等。例如，某厂商举行 V40 系列手机 5G 新品发布会的直播之前，某些线下手机店的运营者便在快手上及时直播，并开放预约通道，如图 7-14 所示。

3．营销人员分工

直播营销方案需要安排好直播营销工作人员的分配，比如渠道的寻找、内容的制作和推广的执行等。只有落实好直播营销工作的人员安排，才能确保直播营销的顺利进行和圆满成功，也才有可能取得预期的营销效果。

4．把控时间节点

在直播营销的推广过程中，要规划好直播营销的时间节点，一般而言，时间节点包括两部分：一个是直播的整体时间节点，包括直播的开始时间和结束时间等；另一个是直播营销的每个步骤环节的时间节点。直播营销的时间规划有利于保证直播营销工作的按时进行，减少主观因素导致的工作延期。

5．控制成本预算

在直播营销方案中，快手运营者要估算好直播营销活动的成本大概有多少，以及自己可以承受的预算是多少，只有弄清楚这些问题，才能评估直播的营销效果和后期带来的收益。

图 7-14　手机新品预约详情

7.4.2　直播营销方案的执行

快手运营者要想确保直播营销方案的落实和执行，就需要参与直播营销的工作人员对直播营销的工作内容胸有成竹。直播营销方案的执行规划主要包括以下 3 个方面，如图 7-15 所示。

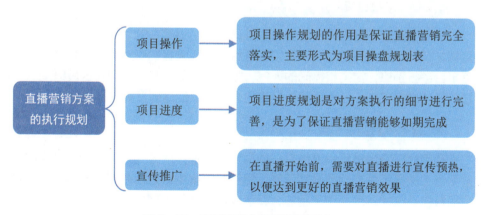

图 7-15　直播营销方案的执行规划

7.4.3 宣传引流的4种方法

直播引流常用的方法有4种。

1．硬广告宣传

硬广告是我们原来最常见的广告营销手段，它是指直接介绍商品以及服务内容的传统广告形式。像电视广告、广告牌和杂志广告等都属于硬广告。硬广告是以强制手段强迫受众接受，使得绝大多数人很反感，特别是网络上打开网页时自动弹出的广告。虽然硬广告具有传播速度快等优点，但是其缺点更加明显，硬广告的缺点有以下几点。

（1）费用昂贵，广告投入的成本高。

（2）数量过多且滥，同质化很严重。

（3）渗透力比较弱，时效性比较差。

在采用硬广告的引流手段进行直播营销时，要注意尽量避免硬广告的缺点，发挥其优势，这样才能取得直播营销的效果。

2．视频方式引流

相较于文字图片的宣传推广方式来说，视频方式引流的传播效果会更好，因为视频的表达形式更加直观明了和生动形象，也易于被用户理解。在现在这个快节奏的时代，用户已经不太愿意也不太可能花很多时间来了解你所写的内容，所以越来越多的运营者开始利用视频进行直播推广和引流，比如很多运营者会在直播前拍摄几支直播预告短视频。

3．直播平台引流

在快手直播平台上，一般会有"推送"或"提醒"的功能设置，在正式开始直播之前，可以将开播的消息直接发送给关注运营者的粉丝们。这样做既能在直播平台进行预热，提高直播间的人气，吸引更多关注；又能利用这段时间做好直播的各种准备工作，如直播硬件设备的调试，以便达到直播的最佳状态。

4．社区平台问答引流

利用社区平台进行引流也是一种常用的营销推广方式，运营者可以通过在这些平台上选择相关的问题进行回答，然后在答案中巧妙地留下自己的联系方式或直播链接。这样做既帮助了用户，又可以把流量引入到直播间，可谓一举两得。常见的社区问答网站有百度贴吧、百度知道、百度经验、天涯论坛和知乎问答等。

图 7-16 所示为某用户在知乎上的引流回答,他在回答问题时顺便为自己的直播进行了引流。

图 7-16　某用户在知乎上的引流回答

第 8 章
带货技巧：
提升体验是直播的核心

> **学前提示**　对于快手运营者来说，带货才是运营的本质，才是运营者一直坚持下去的理由，因此，带货的重要性不言而喻。本章笔者将具体阐述带货的技巧。

从零开始做快手电商：引流涨粉＋直播带货＋橱窗小店＋广告盈利

8.1 直播带货的优势

直播是一种动态的试听过程，与传统的电商相比，直播带货可以在直播时呈现产品，更有利于提升产品的真实性，以及展示产品的使用细节，帮助用户更好地了解产品，更有利于实现商品的价值交换。

8.1.1 直播带货用户体验更直观

在传统的电商购物时，我们先通过目录进行检索，再查看图片以及文字描述，最后决定是否购买，但这种方式存在一些缺陷，如图8-1所示。

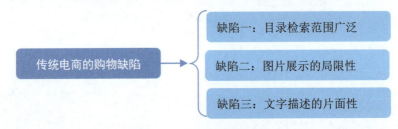

图8-1 传统电商的购物缺陷

直播带货的直观性，具体体现在以下4个方面，如图8-2所示。

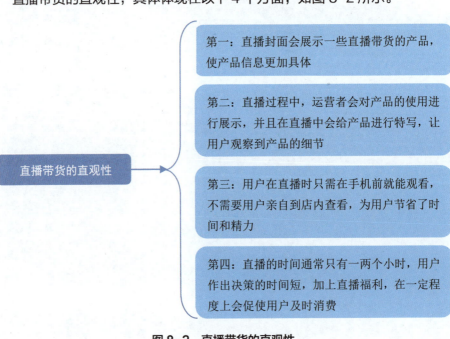

图8-2 直播带货的直观性

直播带货通常是运营者进行销售，运营者相较于传统店家来说，让用户更具亲切感，并主动将运营者带入自身用户的角度进行思考。运营者还会提供给用户自己的使用感受。

此外，运营者在直播之前还会做足功课，事先了解产品的特点和优势，在直播过程中用户只需要仔细听运营者讲解就可以了，替用户节省了自己调查、了解产品的时间和精力。

8.1.2 直播带货促进用户的转化率

以快手直播为例，用户在观看直播的同时，可以在下方评论区进行弹幕互动提问，如图8-3所示。具体而言，互动提问主要有4大作用，具体分析如下。

图8-3 弹幕互动提问

1. 节省商家人力成本

直播带货的互动性，可以让用户边看边买，同时在直播中，是一对多的营销模式，可以为商家节省人力成本。

2. 帮助用户了解产品

其他用户的提问也可以帮助用户进行参考，避免遗漏，帮助用户充分了解产品的性能和特性。

3．促使用户参与抢购

在直播互动中，其他人的言语也会影响用户的购买，尤其是商品正在被抢购的时候，容易产生从众心理，让另一些用户参与抢购，提升用户的转化率。

4．提高用户的参与感

品牌邀请运营者进行直播带货，增强了运营者的作用，同时也增强了用户的参与感，不再是简单的一对一产品介绍，而是在人与人的社交沟通中进行销售。

8.1.3 运营者与直播相辅相成

在快手直播带货中，运营者的作用更具影响力，在一定程度上也反映了运营者与用户的信任程度。图8-4所示为运营者与用户信任关系对直播带货的影响。

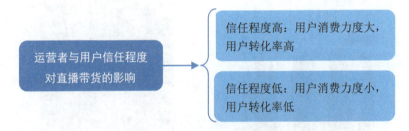

图8-4 运营者与用户信任程度对直播带货的影响

如何提高用户对运营者的信任程度，可以从以下几个方面进行提高。

1．树立正面的个人形象

首先，应具有正确的三观，并树立一个积极、正面的人设，不要为了走红而选择消极的曝光方式，消极的曝光方式只能暂时让运营者获得一时的热度，正能量的运营者更有利于培养用户的信任感，并且更有利于自身的发展。

俗话说，祸从口出，运营者在直播过程中，应当只针对产品进行介绍，而不应该建立在对其他运营者的评价之上，通过抬高自己、贬低他人的方式直播，很容易影响粉丝对运营者的信任度。

2．提高自身的专业技能

运营者在直播之前需要充分地了解产品，把握产品特性，并在直播时能根据产品的特性进行精准介绍，掌握专门的语言技巧。在进行直播带货讲解时，掌握语言技巧的运营者更能有效地促进用户消费。语言技巧可以从以下几个方面进行提高。

1）对症下药

运营者需要熟悉产品的用户群体，根据用户群体的特点进行讲解。例如，在美妆直播中，面对的多为时尚的女性，这类女性普遍爱美，在直播讲解时，需要在把握产品特点的基础上分析产品是如何提高用户颜值的，要尽可能地让用户产生认同感，带动用户的情绪。这类用户针对性强的产品，也可以直接体现在直播间名称上。

2）外表形象

在直播的时候，运营者对待用户要热情、耐心，并且具有感染力、亲和力，这样更能促进用户进行消费。

3）个人观点

作为一个带货运营者，在直播时一定要有自己的看法，如果都是习以为常的观点，或者商家的看法，这样的直播是吸引不了用户的。

8.2　直播带货 5 步法

了解到直播优势之后，也许有些运营者还是不了解如何进行直播，接下来主要介绍 5 个直播带货的方法，帮助运营者提高成交率。

8.2.1　拉近与用户的距离

在直播带货中，提供商品的店家有许多，为什么用户会选择在你的直播间购买？是因为信任。在快手直播带货的沟通中，运营者可以从以下几点做起，提高用户的信任度。

1．维持老客户的复购率

经营服务好老客户，给予既有用户优惠福利，调动这部分用户的购买积极性，有利于借助老客户挖掘更多潜在客户。

2．提供详细全面的产品信息

在直播中用户可能因为商品介绍得不够详细全面而放弃下单，所以在直播带货过程中，要站在用户的角度上对产品进行全面、详细的介绍，尤其是产品的优势，必要时可以利用认知对比原理，将自身产品与其他店家的产品进行比较，例如可以将正品与市场上的水货进行比较，向用户展示自身产品的优势。

3．提供可信的交易环境

在快手直播交易中，运营者提供的交易方式也会影响用户的信任度，一个安全可靠的交易平台，会让用户在购买时更放心，所以你需要向用户确保你们的交易是安全可靠的，不会出现欺诈、泄露信息等情况。

4．进行有效的交流沟通

在快手直播时，运营者应该认真倾听用户的提问，并进行有效的交流和沟通，如果在沟通中，用户对产品的提问被运营者忽视了，用户就会产生不被尊重的感觉，所以运营者在进行直播带货时，需要给予用户适当的回应，以表示对用户的尊重，可以专门任用小助手负责直播答疑。小助手可以任用多名，进行分工合作，这样更有利于直播间的有序管理。

5．建立完善的售后服务

完善的售后服务可以为企业建立更好的口碑，同时也是提高用户对企业信任度的重要因素。用户购买完产品后，可能会遇到一些问题，或者在快递途中造成的损坏等情况，运营者应该及时处理，避免影响用户的购物体验和信任度。

8.2.2 突出产品的价值

商品的价值塑造阶段，可分为两个阶段：一为基础价值，即产品的选材、外形、功能、配件、构造、工艺；二为价值塑造。在快手直播中，我们主要进行的是产品价值的塑造，即产品的独特性、稀缺性、优势性等。产品价值的塑造，主要建立在产品基础价值之上，明确产品的价值卖点是直播的关键。

1．产品的独特性

产品的独特性可以从产品的设计、造型出发，产品的设计可以是产品的取材，例如许多美妆品牌的销售。产品独特性的塑造可以让产品区别于其他同类产品，凸显该产品的与众不同。当然，在快手直播带货中，产品独特性的塑造必须要紧抓用户的购买需求。例如，神仙水，功效是改善女性肌肤表皮，运营者直播时就可以紧紧围绕女性想要改善肌肤的需求进行销售。

2．产品的稀缺性

产品的稀缺性，可以在直播带货时主要强调产品的设计性，例如限量、专业定制，表示这类产品是独一无二的，甚至具有收藏价值，例如许多限量款的球鞋，带有独家签名的球鞋、服饰等，都具有稀缺性。

除此之外，还可以从产品的功能着手，对产品特有的功能、使用人群、使用场景甚至产地进行宣传，例如地方特产，就是利用地理的特殊性进行销售。图 8-5 所示为快手直播上的地方特产。

图 8-5　地方特产直播

3. 产品的优势性

产品的优势性可以是产品的先进技术优势，主要体现在研发创新的基础上。例如，手机或其他电子产品的直播，可以借助产品的技术创新进行价值塑造，如拍照像素、续航能力和显示分辨率等。甚至可以是刷新用户认知的产品特点，给用户制造惊喜，并超出用户期望值。

除此之外，快手运营者还可以从使用产品的造型优势上出发，例如包包的直播，小型包包强调轻巧便捷，大小正好适合放置手机和钱包、口红，并具有外形独特、百搭，适合拍照等特点；较大型的包包强调容量大，可放置化妆品、雨伞，并且适合短期旅行，这些都是从不同产品的特点出发，表达不同的优势。

4. 产品使用价值的获得性

产品的利益性是指产品与用户之间的利益关系，产品的利益价值塑造需要站在用户的角度进行分析。例如，快手运营者可以介绍产品在日常生活中能为用户带来更舒适的环境，或者替用户解决某些烦恼，总的来说，就是产品能带给用户好处。

例如，在进行家电直播时，可以强调产品给用户生活带来的便捷之处。图 8-6 所示为快手家电直播。总而言之，无论是哪方面的价值塑造，都是基于产品本身的价值使得用户获得更好、更舒适的生活体验，这就是产品价值塑造的基点。以上塑造价值的方法都是基于产品本身特点所营造的。

从零开始做快手电商：引流涨粉＋直播带货＋橱窗小店＋广告盈利

图 8-6　快手家电直播

除此之外，运营者还可以赋予产品额外价值。而赋予产品额外价值的方法可以从两个方面进行，如图 8-7 所示。

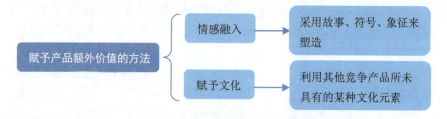

图 8-7　赋予产品额外价值的方法

8.2.3　锁定需求

在快手直播带货中，用户的需求是用户购买商品的重要因素。用户需求分为两类，一类是直接需求，直接需求也就是所谓的用户痛点，比如用户在购买时表达的想法，需要什么样的产品类型，这就是直接需求。

另一类则是间接需求，这类需求分为两种：一种是潜在需求，运营者在带货过程中可以引导用户的潜在需求，激发用户的购买欲望，潜在需求可能是用户没有明确表明的，或者是语言上不能表达清晰的；另一种是外力引起的需求，即由于环境等其他外力因素促使用户进行消费的行为。

在直播带货的过程中，运营者不能只停留于用户的直接需求上，应该挖掘用户的间接需求。如何了解用户的间接需求，可以从以下几点出发。

1. 客观思考分析用户的表达

当用户在直播间进行弹幕提问的时候，并不一定只停留在言语表面，运营者需要客观地分析用户的言语，去思考用户真正需要的产品。可能有时候用户本身也并不清楚自己所需要的产品，此时运营者便需要在直播时引导用户进行消费。

2. 选择与用户相符合的产品

每个产品都有针对的用户群体，产品营销与用户相匹配，就能引起用户的同感，以及满足用户的需求。

例如，高端品牌的直播，它符合高消费人群的喜好，这类用户在购物时，可能更注重具有设计感与时尚感的产品，或者设计感与质感兼具的产品，在消费价格上则不太会重视。因此，快手运营者可以在把握这类群体的心理特征基础上，重点分析和讲述产品。

3. 选择符合用户审美的背景

在直播带货中，运营者可以抓住用户的审美，设计精致的产品外形，吸引用户进行购买，满足用户的审美需求。例如，主打"高级感"的店铺在直播场景的选择上，可以选择简单的背景墙+具有质感的装饰品当直播背景。图 8-8 所示为快手直播间，这两个直播分别是美妆直播和珠宝直播，前者在直播间中展示了化妆柜台，显示出自己的专业性；后者在背景中露出了品牌，加强了用户的记忆。

图 8-8 快手直播间

8.2.4 筛选产品

直播带货中产品的好坏会影响用户的购买欲望，运营者可以从以下几点选择带货的产品。

1. 选择高质量的产品

直播带货中不能是"假货""三无产品"等伪劣产品，这属于欺骗用户的行为，被曝光后会被给予严厉惩罚，快手运营者一定要本着对用户负责的原则进行直播。

用户在运营者的直播间进行下单，必然是信任运营者，代言伪劣产品，对运营者本人的形象也是不利的，选择优质的产品，既能加深粉丝的信任感，又能提高粉丝的复购率。在产品选择上，可以从以下两点出发，如图8-9所示。

图8-9 如何选择高质量产品

2. 选择与运营者人设相匹配的产品

如果是网红或者明星进行直播带货，在产品的选择上，可以选择符合自身人设的品牌。比如，作为一个健身博主，运营者选择的产品是运动服饰、健身器材和代餐等；作为一个美妆博主，运营者选择的产品一定是美妆品牌。

再者是人设的性格。例如，某明星的人设是鬼马精灵、外形轻巧，那么她直播带货的产品，品牌调性可以是活力、明快、个性化、时尚及新潮等，偏向活力、积极和动感的产品设计。

如果运营者是外表严肃的人设，那么此运营者所选择的产品可以是更侧重于高品质，具有优质服务，可靠的产品，也可以是具有创新的科技产品，这就是选择与运营者人设相匹配的产品。

3. 选择一组可配套使用的产品

运营者选择可配套使用的产品，进行"组合套装"购买，还可以利用"打折""赠品"的方式，喜迎用户观看并进行消费。

用户在进行产品购买的时候，通常会对同类产品进行对比，如果单纯利用降价或者低价的方式，可能会造成用户对产品产生质量担忧，但是利用产品配套购买优惠，或者赠品的方式，既不会让用户对产品品质产生怀疑，也能在同类产品中，产生相对划算的想法而进行下单，让用户在内心产生买到就是赚到的想法。

在快手服装直播中，运营者可以选择一组已搭配好的服装进行组合销售，既可以让用户在观看时，因为觉得搭配好看而进行下单，还能让用户省去搭配的烦恼，对于不会进行搭配的用户，是一种省时又省心的诱惑。

专家提醒

如果用户购买后，因为搭配效果很好，能让用户在生活中获得朋友的赞美，还会加强用户的信任，同时增加用户黏性。

4. 选择一组产品进行故事创作

在筛选产品的同时，可以利用产品进行创意构思，加上场景化的故事，创作出有趣的直播带货，让用户在观看中产生好奇心，并进行购买。

故事的创作可以是某一类产品的巧妙利用，介绍这个产品并非平时所具有的功效，而是在原有基础功能上进行创新，另外也可以是产品与产品之间的妙用，产品与产品之间的主题故事讲解等。

8.2.5 营造紧迫感

营造紧迫感体现在时间上、数量上，在紧张的气氛下，让人产生抢购的心理，从而产生下单购买的行为。

1. 时间上的紧迫

通过制造时间上的紧迫感，例如限时抢购、限时促销，而且这类产品经常是高销量的产品，因为它们的价格通常比较实惠。图 8-10 所示为快手限时抢购的产品。

除此之外，在直播带货中，一些直播间的标题也会直接运用限时抢购的词汇。总之，限时抢购的产品通常能吸引大量用户购买，因为观看直播的用户的动机都很单纯，他们通常是因为在直播间下单更有优惠，所以加上"限时抢购"的方式，可以促使更多用户下单购买。

2. 数量上的紧迫

数量上的紧迫主要是限量抢购，限量抢购的产品通常也是限时抢购的产品，但是也有可能是孤品，极少数额的限量款，或者是清仓断码款。例如，快手直播上就有处理断码产品的运营者，如图 8-11 所示。

图 8-10　快手限时抢购的产品

图 8-11　处理断码产品

在快手直播带货时，运营者可以制造有限量抢购或者孤品秒杀的直播间。除此之外，运营者还能对直播产品进行限量分批上架，制造紧缺效应。

8.3 直播带货的内容策划

在快手直播过程中，用户的关注度相比传统的电商销售会更高，直播画面也较传统的电商商品菜单更形象、更生动，且在直播间内，不会受到其他同类商品的影响。因此，在快手直播带货中，用户的转化率比传统的电商转化率更高，这也是直播带货流行的原因之一。那么，在快手直播带货时，什么样的内容才能吸引用户关注和下单呢？本节将介绍一些直播带货的内容策划技巧，帮助运营者打造爆款带货直播间。

8.3.1 专业导购

产品不同，推销方式也有所不同，在推广直播中，许多具有专业性的产品需进行专业讲解。例如，汽车直播，观看汽车直播的用户大多为男性用户，并且喜欢观看驾驶实况，观看汽车直播的用户大多是为了了解汽车资讯以及买车，所以专业型的直播更受用户的青睐。

在快手汽车直播中，用户最关心的还是汽车的性能、配置以及价格，所以更需要专业型的导购，如图 8-12 所示。

图 8-12　快手上的汽车直播

8.3.2 创意产品

运营者想要利用直播做好营销,最重要的就是要结合产品,向用户呈现产品所带来的改变。这个改变也是证明产品实力的最佳方法,只要改变是好的,对用户而言是有实用价值的,那么这个营销就是成功的。用户观看完直播后发现这款产品与众不同,就会产生想要购买产品的欲望。所以,运营者在快手直播中展示产品带来的改变是非常重要的。

例如,在快手直播中有一家专门卖化妆品的商家,在策划直播时,为了突出自家产品的非凡实力,决定通过一次以"XXX教你一分钟化妆"为主题的直播活动来教会用户化妆。这听起来是一件不可思议的事情,但这也恰恰吸引了不少用户前来观看直播。

这种直播不仅突出了产品的优势,而且还教会了用户化妆的技巧。此次直播在短时间内就吸引了6000多人观看,为运营者带来了惊人的流量。

专家提醒

在直播中,一定要将产品的优势和实力尽量在短时间内展示出来,让用户看到产品的独特魅力所在,这样才有机会有效地将直播变为营销手段。

8.3.3 放大优势

所谓"放大优势",其实就是在直播带货中,既要抓住产品的特点,又要抓住当下的热点,两者结合才能产生最佳的市场效果,打造出传播广泛的直播。

例如,前段时间某综艺格外火热,各大商家紧紧抓住相关热点,再结合自家产品的特点进行了别具特色的直播。如果直播内容能够将产品特色与时下热点相结合,就能让用户既对直播内容痴迷无比,又能让用户被产品吸引,从而产生购买的欲望。

8.3.4 策划段子

"段子"本身就是相声表演中的一个艺术术语。随着时代的变化,它的含义不断地拓展,也多了一些"红段子、冷段子、黑段子"的独特内涵,近几年频繁活跃在互联网的各大社交平台上。

除此之外,也可以策划幽默段子,幽默段子作为最受人们欢迎的幽默方式之一,也得到了广泛的传播和发扬。微博、综艺节目、朋友圈里将幽默段子运用得出神入化的人比比皆是,这样的幽默方式也赢得了众多粉丝的追捧。

在央视的某场直播中，主持人金句频出，例如"我命由你们不由天，我就属于佳琦直播间。""烟笼寒水月笼沙，不止东湖与樱花，门前风景雨来佳，还有莲藕鱼糕玉露茶，凤爪藕带热干面，米酒香菇小龙虾，守住金莲不自夸，赶紧下单买回家，买它买它就买它，热干面和小龙虾。""奇变偶（藕）不变，快快送给心上人。""人间唢呐，一级准备，OMG，不是我一惊一乍，真的又香又辣，好吃到死掉的热干面令人不能作罢，舌头都要被融化，赶紧拢一拢你蓬松的头发，买它买它就买它，运气好到爆炸，不光买到了还有赠品礼包这么大，为了湖北我也是拼了，天哪！"等各式各样有趣的带货段子。

8.3.5 分享干货

在快手直播带货中，运营者一定要分享干货，以及产品的使用技巧。运营者一定要言之有物，如果运营者的观点既没有内涵，又没有深度，那么他是不会获得用户长久支持的，这样的直播也不会有多大的热度。

再者是要精准营销。直播带货虽然已经成为大势所趋，但也存在一些不可避免的缺陷。比如一些快手服务号的直播受众很多都是"无用用户"，也就是只看不买的用户。因此，如何使直播用户转化为有价值的用户，这是企业运营者进行直播营销的关键所在，而巧用口令红包券可以解决这一问题。

当然，在使用口令红包券这一技巧吸引用户时，有两个需要注意的事项，如图 8-13 所示。

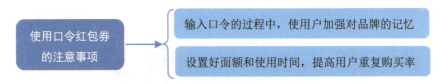

图 8-13 使用口令红包券的注意事项

不管是何种形式的营销，精确度都是最重要的。因此，如何在直播营销中找准受众，提高转化率也是我们所要掌握的。

8.3.6 场景带货

在快手直播中，想要不露痕迹地推销产品，不让用户太反感，最重要的就是将产品融入场景中。这种场景营销类似于植入式广告，目的在于营销，方法可以多种多样。那么，具体该怎样将产品融入场景中呢？笔者将其技巧总结为 3 点，如图 8-14 所示。

从零开始做快手电商：引流涨粉＋直播带货＋橱窗小店＋广告盈利

图 8-14　将产品融入场景的技巧

8.3.7　口碑带货

在用户消费日益理性化的情况下，口碑的建立和积累可以让电商的营销更持久。口碑的建立，目的就是为品牌树立一个良好的正面形象，并且口碑的力量会在使用和传播过程中不断叠加，从而为品牌带来更多的用户，这也是为什么在电商中，那么多店家希望你给予好评。

在快手平台中，小店会拥有 3 个评分：商品质量、服务态度和物流服务，如图 8-15 所示。这 3 个评分的高低，在一定程度上会影响用户的购买率。评价越高，用户的使用体验感越好，则店铺的口碑越佳。

图 8-15　快手小店评分

产品的优质和售后服务都是口碑营销的关键，处理不好售后会让用户对产品的看法大打折扣，并且复购率会有所降低，所以优质的售后服务也能够树立口碑。

口碑是品牌的整体形象，关于这个形象的好坏，主要体现在用户对产品的体验感上，所以口碑营销的重点还是不断地提高用户体验感，可以从 3 个方面进行改善，如图 8-16 所示。

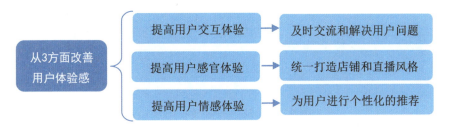

图 8-16　从 3 方面改善用户体验感

一个好的口碑具有哪些影响呢？具体如下。

1）挖掘潜在用户

口碑带货在用户购买过程中，影响重大，尤其是潜在用户，这类用户会询问使用过产品的用户其购买体验，或者查看产品下方的评论，查找用户的使用感受。所以，已使用过产品的用户口中的评价，在很大程度上会动摇或促使潜在用户下单。

2）提高产品复购率

对于品牌来说，信誉，也就是所谓的口碑，是社会认同的体现，所以好口碑的品牌，也是提高产品复购率的营销方案，同时也反映了品牌的信誉值。

3）增强营销说服力

口碑营销相较于传统营销，更具有感染力，口碑营销的产品营销者其实是使用过产品的用户，而不是品牌方，这些使用过的用户与潜在用户一样都属于用户，因此，使用过产品的用户比品牌方更能说服潜在用户。

4）节约营销成本

口碑的建立，能够节约品牌在广告投放上的成本，为企业的长期发展节省宣传成本，并且替品牌进行口口传播。

5）促进企业发展

口碑营销有助于减少企业营销推广的成本，并增加用户的数量，最后推动企业的成长和发展。

8.3.8　专注产品

一个直播只做一个产品，这听起来会不利于产品的促销，但实际上为了让用户更加关注你的产品，专注于一个产品才是最可靠的。而且这种方法对于那些没有过多直播经验的企业来说更实用。

因为直播和学习一样，不能囫囵吞枣，一口吃个胖子。一般来说，快手服务号的直播专注于一个产品，成功的概率会更大。当然，在打造专属产品时，企业运营者应该尤其注意两点，如图 8-17 所示。

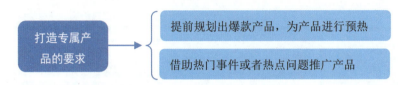

图 8-17　打造专属产品的要求

通过这两种方法，企业的产品就会进入用户的视野范围之内，给用户留下深刻印象，从而为产品的销售打下良好的基础。

8.3.9　福利诱导

运营者想让用户在观看直播时快速下单，运用送福利的方式能收到很好的效果。因为这很好地抓住了用户偏好优惠福利的心理，从而"诱导"用户购买产品。

具体来说，在快手直播中，运营者为了最大限度地吸引用户购买产品，进行各种福利，比如打折、秒杀和发红包等。例如，某运营者在直播间内发放优惠券福利，吸引用户下单，如图 8-18 所示。

图 8-18　快手直播间内的优惠券福利

在快手直播中，运营者以"福利"为主题，使出了浑身解数进行促销，具体步骤如下。

（1）向用户全面分析产品特点。

（2）主题上标明"品牌""一折"的关键字眼，引起用户的注意。

（3）直接在直播中送超值包包购买福利。

通过这些努力，观看直播的用户越来越多，流量也不断地转化为销量。

一般的企业、商家在上新时都会大力宣传产品，这时候给用户使用新品送福利的方法，用户不仅会对新品充满无限期待，还会毫不犹豫地下单，替用户摆脱了由于新品价格高昂而感到望而却步的烦恼。

除此之外，在折扣、清仓的时候同样也很适用，而且这种送福利的方式能更大程度地调动用户购物的积极性，清仓优惠谁会舍得错过呢？

例如，快手直播中一个名叫"运动鞋服XXX"的直播间，运营者发起了一场清仓的直播，如图8-19所示。该直播间的所有产品只有在直播时才享受折扣，这引起了众多用户的围观。

图8-19 "运动鞋服XXX"直播

一般来说，送优惠券的方式分为3种，如下所示。

（1）通过直播链接发放优惠券。

（2）在直播中发送优惠券。

（3）在直播中抽奖送礼物。

8.3.10 体现性价比

在快手直播中体现物美价廉，是吸引用户关注并下单的一个技巧，比如运营者在直播时反复说"性价比高，包您满意"等语句。有很多人觉得这样吆喝太过直接，但用户需要运营者向他们传达这样的信息，因为快手平台上的大部分用户都持有物美价廉的消费观。

例如，有一位试图推销 VR 眼镜的快手运营者在进行直播时，就利用了几个技巧吸引了上万用户的关注，一时间这家店铺的热度噌噌地上升，产品也因此得以大卖。那么，这位运营者究竟是怎么做的呢？笔者将他的营销流程总结为 3 个步骤，如图 8-20 所示。

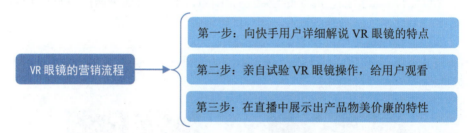

图 8-20　VR 眼镜营销流程

同时，在这场直播中，运营者还给用户送上了特别优惠，给"物美价廉"的 VR 眼镜又增添了几分魅力，不断地吸引用户前去快手下单，这款产品也成为该运营者的爆款。

8.3.11 设置悬念

制造悬念吸引人气是很多营销者一直都在使用的一种方法，这对直播变现也同样适用。比如，在直播中与用户互动挑战，激发用户的参与热情，同时也使得用户对挑战充满期待和好奇。

此外，通过设置直播标题和内容双料悬念也是网罗人气的一大绝佳方法。有些直播标题虽然充满悬念，但直播内容却索然无味，这就是人们常说的"标题党"。那么，运营者要如何设置直播标题悬念呢？如图 8-21 所示。

至于制造直播内容悬念方面，就要根据运营者的实际情况进行直播，一定要考虑到产品的特色以及运营者的实力等因素，不能夸大其词。在快手直播上，带有悬念的直播更容易吸引用户的好奇心，从而将其转化为粉丝，实现变现。因此，设悬念网罗人气不失为直播变现的一个绝妙策略。

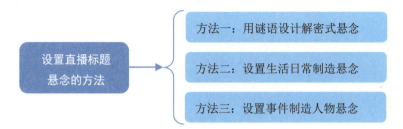

图 8-21　设置直播标题悬念的方法

8.3.12　进行对比

直播变现的技巧除了围绕产品本身一展身手外，还有一种高效的方法，即在直播中加入对比。对比使得用户更加信任你的产品，同时也可以带动气氛，激发用户的购买欲望。当然，在直播中进行产品的对比还需要一些诀窍，如图 8-22 所示。

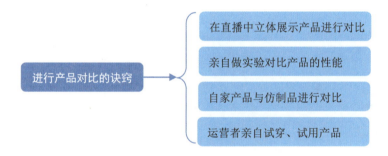

图 8-22　进行产品对比的诀窍

第 9 章
基本操作：
轻松获得更多账号特权

> **学前提示**
>
> 与个人号不同，快手服务号是企业向外宣传的一个窗口；和无快手小店的运营者相比，开通快手小店的运营者更容易获得官方青睐。那么，运营者如何借助服务号或快手小店，开拓带货卖货新赛道呢？本章将从服务号与快手小店两个角度进行解答。

9.1 快手服务号的 4 大核心价值

如今，快手平台的内容涉及吃、穿、住、行等，强势覆盖了用户生活的方方面面。"快手＋各大品牌"的跨界合作，势必在短视频营销领域掀起浪潮。

快手重磅推出了 3 种类型的认证功能，分别是个人认证、企业认证和机构认证，其中企业认证特权比个人认证多，认证手续比机构认证简单，颇受用户欢迎，如图 9-1 所示。具体来说，快手"企业认证"是快手针对企业诉求提供的"内容＋营销"平台，为企业提供免费的内容分发和商业营销服务。

图 9-1　快手认证功能

现如今，在快手上的企业账号，基本都进行了"蓝 V"认证，获得了服务号的专属标识，如图 9-2 所示。

图 9-2　"蓝 V"认证标识

通过认证的服务号，不仅可以在快手平台上彰显自己的企业身份，获得权威信用，还可以强化品牌影响力，种下潜在"N次传播"的种子，赢下短视频营销的未来。

为什么各大品牌主纷纷进行快手运营？好玩、有趣、看上瘾，"快手范"的趣味广告已成为品牌主眼中的宠儿。本节将深入分析快手服务号的4大核心价值，帮助各大企业抓住快手的流量红利。

9.1.1 迎合时代的诉求

快手之所以能火起来，除了其本身产品的运营和推广做得不错外，也恰好迎合了当今碎片化时代的传播诉求。

经过近十年的发展，社会化营销套路早已被广告公司用烂，老旧的营销套路已不适合快手平台上的用户。还有，除了创意是营销中的永恒难题之外，运营者获取流量的成本越来越高，用户越来越厌恶硬广告营销。从品牌发展的角度而言，运营者选择一个年轻化与社交化的用户营销平台非常重要，而快手这几年来的表现无疑让人眼前一亮。

在很多运营者看来，快手是一个巨大的流量洼地。随着用户数量的快速增长，以及用户的高度集中，使快手有了制造爆款的能力，尤其"日刷快手300条"产生了一大波流量红利。在快手还未正式走上商业化道路之时，就已经有很多运营者和产品因快手短视频而偶然爆红。于企业而言，运营者若能及时进入，就能享受快手平台高速发展期所带来的红利。

9.1.2 品牌的高曝光度

根据艾媒咨询发布的最新数据来看，与2020年相比，2021年，快手19.0%的用户、抖音37.2%的用户刷短视频的时间增加了，快手38.9%的用户、抖音37.1%的用户刷短视频的时间持平，快手16.8%的用户、抖音13.6%的用户刷短视频的时间减少了，快手25.3%的用户、抖音12.1%的用户几乎不刷短视频，如图9-3所示。

虽然在数据上，快手仍比不过抖音，但得益于快手多年的发展和成熟的电商运营机制，它依然可以吸引大量用户刷短视频，也就是说，它依然能为运营者提供一个大流量池。

总的来说，一个品牌做快手营销，最关键的是要提高品牌的曝光度。但是，除非是与快手官方合作拍摄广告，或者认证的企业"蓝V"，否则运营者制作的品牌广告很容易被限流和屏蔽。因此，企业运营者在进行品牌植入时，一定要根据短视频的内容，进行巧妙的曝光。

企业运营者拥有丰富的资源，创作短视频成本低，宣传效果好，用户转化率高，不过这些都是建立在优质的短视频内容上的。可以说在快手平台，甚至在整个短视频行业中，内容才是核心，而优质内容往往离不开3样东西：巧妙的创意、精准的用户画像和明确的企业定位。

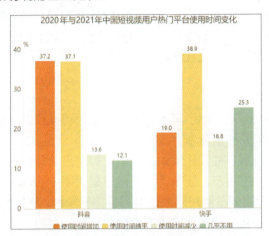

图9-3 2020年与2021年中国短视频用户热门平台使用时间变化

企业运营者在创作短视频时，一定要注意以下几点。

1）追求趣味性，拒绝拙劣模仿

企业运营者创造的内容需要有趣、有创意，风格自成一家，具有明显的辨识度，清晰地展示自身品牌定位。这一点需要企业运营者结合产品进行定位，创造优质的个性内容。同时，这也是在快手平台上比较容易传播的内容，比如用自身产品进行实物展示、开发新功能和创意植入等。

2）挖掘热点信息，不盲目跟风

热点话题、热门内容等可以提升流量，但是对于有别于一般用户的官方服务号来说，需要将热点与自身品牌特征相结合，不能盲目跟风。

9.1.3　强话题性和互动性

由于快手平台的强话题性和互动性，奶茶、火锅、名胜古迹等领域内的品牌不经意之间走红，成为大家津津乐道的话题。从品牌角度而言，只要可以植入产品或品牌，营销推广形式可自由发挥，没有太大的局限。继公众号、微博和抖音之后，快手也成为一个企业的营销展示平台，品牌运营者自然十分乐意去尝试开拓一条营销新渠道。

例如，快手宠物联合某度假区，曾在快手上发起"高能挑战赛"，萌宠出镜，配合幽默的剧情，让人眼前一亮。该话题一经推出，截至2021年4月初，该挑战赛投稿作品已有6254个，如图9-4所示。

图 9-4　高能挑战赛

9.1.4　塑造品牌的形象

对于企业运营者来说，快手"蓝 V"服务号就相当于企业在快手上的阵地，它能够帮助企业传递业务信息，与用户建立互动。

很多企业和品牌看到了快手的巨大流量及转化能力，其中不乏知名科技企业和互联网公司，都已纷纷入驻快手平台，通过或搞笑或创意的视频内容，来提升用户黏性和品牌曝光度。

例如，快手上的某手机品牌服务号给出了两个标识：其一是口号"永远相信美好的事情即将发生"；其二是更新时间"每天 17:00 直播"。该服务号的短视频内容则是每天固定的女生出镜把产品广告做成段子，勾起用户对产品的更多联想。

9.2　服务号现状及发展趋势

"蓝 V"服务号在发展过程中，呈现出 3 个特征或趋势，本节内容将通过相关数据分别进行介绍。

9.2.1　服务号红利依旧在

从 2017—2020 年的数据来看，中国零售电商与直播电商的势头未减丝毫，这同时意味着，将会有更多的零售企业或公司入驻快手平台，所以说快手的红利期并没有完全过去，如图 9-5 所示。

图 9-5　快手行业分布占比变化

9.2.2　为企业带来发展空间

虽然"蓝 V"服务号保持了高速的增长，但其仍具有广阔的发展空间。相比于认证前，"蓝 V"服务号认证后的平均投稿数、播放次数、互动、主页访问和粉丝关注数量都有所增长，而且众多"蓝 V"服务号也在新增粉丝量高速增长的同时，积累了巨大的粉丝量。

9.2.3　服务号让营销落地

"蓝 V"服务号可以帮助企业紧跟用户，借助平台设计的承接企业营销价值的多种功能，实现价值闭环。再加上快手短视频平台具有信息密度高的特点，因此无论用户在快手平台的历程长短如何，企业运营者均可通过"蓝 V"服务号实现价值落地，满足自身的营销诉求。

具体来说，"蓝 V"服务号的价值落地，主要体现在品牌价值、用户价值、内容价值和转化价值 4 个方面。

1．品牌价值

通过"蓝 V"认证的方式，可以保证品牌账号的唯一性、官方性和权威性。通过"蓝 V"认证之后，企业可以将"蓝 V"服务号作为固定的快手阵地，发挥品牌的影响力，通过快手的传播，获得更大的影响力。

另外，认证通过的"蓝 V"服务号的主页定制功能，也能让宣传推广获得更好的效果，从而充分地发挥品牌的价值。

2．用户价值

对于企业运营者来说，每一个"蓝 V"服务号的关注者都是目标用户，如果能够挖掘关注者的价值，便可充分发挥粉丝的影响力，实现用户对品牌的反哺。

而"蓝V"服务号可以通过粉丝互动管理、粉丝用户画像，让内容触达用户，从而为用户营销提供全链路的工具，更好地实现用户价值。

3．内容价值

"蓝V"服务号拥有更丰富的内容互动形式、更强的内容扩展性。因此，它能够更好地符合用户的碎片化、场景化需求，让更多用户沉淀下来，并在与企业的互动过程中，充分发挥价值，为品牌目标的实现助力。具体来说，企业运营者可以借助日常活动、节点营销和线下活动，更好地实现"蓝V"服务号的内容价值。

4．转化价值

"蓝V"服务号可以通过多种途径实现从种草到转化的闭环，最大限度地发挥营销短路径的优势。利用"蓝V"服务号的视频入口、主页入口和互动入口，企业运营者可以让快手用户边看边买，实现企业的转化价值。

9.3 快手服务号的特权

快手服务号除了会显示"蓝V"标识外，还拥有作品置顶、导航到店、主页电话等特权，本节将对这些特权进行简单介绍。

9.3.1 作品置顶

与抖音一样，快手"蓝V"服务号也有作品置顶特权，如果运营者正在直播中，那么直播活动会直接显示在作品置顶位置，方便吸引用户的目光，为运营者获取更多流量，如图9-6所示。

图9-6 直播活动显示在作品置顶位置

当然，运营者快手主页最多可置顶3个短视频，一般来说，运营者可将点赞量高的短视频置顶，让它们获得更高的点赞量。此外，由于快手置顶视频不显示点赞，运营者也不一定非得将点赞量高的短视频置顶，自己可灵活运用，比如将体现账号核心价值的短视频置顶，如图 9-7 所示。

图 9-7　短视频置顶

9.3.2　导航到店

在快手中，也有类似 POI 的功能，运营者可在个人主页添加导航功能，为自己的线下实体店吸引更多人流，如图 9-8 所示。

图 9-8　在个人主页添加导航功能

9.3.3 主页电话

快手服务号拥有直接电话呼出的组件，个人主页组建设置完成后，用户只需点击对应的按钮，就可以给企业或商家的对应号码打电话。一般来说，此功能适合两类运营者，一类是实体店老板，另一类是招商加盟的品牌商家。比如，服务号运营者可在主页设置一个"联系我们"按钮，用户只需点击该按钮；继续点击弹窗中的联系电话选项，便自动跳转到拨号界面，如图9-9所示。

图 9-9　一键电话呼出

9.3.4 账号保护

为了保护企业的权益，已进行企业认证的快手名字，别人不可以再取，如搜索"荣耀手机"时，列表里能完全匹配该关键字的结果只有一个，如图9-10所示。

图 9-10　搜索"荣耀手机"

当用户在快手平台搜索昵称时,服务号有优先显示的特权。可以这么说,通过认证服务号,运营者能更直接地获取流量。比如,笔者搜索"OPPO"时,无论是在"综合"栏目下,还是"用户"栏目下,优先显示的基本都是OPPO的服务号,如图9-11所示。

图9-11 搜索"OPPO"的结果

9.4 服务号开通方法

快手服务号的开通方法并不复杂,本节笔者就简略介绍快手服务号的开通方法,以及开通过程中所需的资料。

9.4.1 服务号开通教程

快手服务号开通方法有很多种,其中常见的主要有以下4种。

(1)打开快手应用,搜索"服务号小助手"账号名字,点击"关注"按钮,进入"私信"界面,"服务号小助手"会自动发送一条带开通链接的信息过来,运营者点击该链接,即可进入服务号开通界面。

(2)如果运营者已关注"服务号小助手"账号,则直接私信发送"开通"二字,即可获得一条开通链接,点击该链接即可进入服务号开通界面。

(3)关注"快手服务号"官方公众号,私信发送"开通"二字,即可收到一张二维码,打开快手"扫一扫",即可进入服务号开通界面。

(4)进入快手平台,打开"设置"界面,依次选择"账号与安全""加V认证""企业认证"选项,即可跳转至服务号开通界面。

下面以第二种为例,具体为大家介绍一下快手服务号的开通方法。

步骤 01 打开"服务号小助手"账号的"私信"界面,私信发送"开通"二字,收到回复后,点击蓝色字体,自动回复一段话后,运营者会继续收到一条信息;依旧点击蓝色字体,如图 9-12 所示。

图 9-12 "私信"界面

步骤 02 进入"开通服务号"界面,点击"免费开通"按钮;跳转至"服务号认证"界面,点击"免费认证"按钮,如图 9-13 所示。

图 9-13 "开通服务号"界面(左)与"服务号认证"界面(右)

步骤 03 进入"免费认证"界面，填写相关资料信息，勾选"我已阅读《服务号认证协议》和《企业认证审核规则》"复选框；点击"立即提交"按钮，等待一段时间即可收到通过认证的通知，如图9-14所示。

图9-14 "免费认证"界面

9.4.2 认证所需资料

在快手平台上认证服务号时，运营者可事先准备好以下资料，如营业执照、事业单位法人证书、企业法人身份证、补充材料和联系方式等。

1）营业执照

此处的营业执照指的是公司型的营业执照，它的经营项目多，注册资金少则10万元，多则高达上百万元资金。此外，这类型的公司是每月按账簿和报表等实际经营数据来报税的，并且依法享受相关的报税优惠政策。这类型的营业执照样式，如图9-15所示。

2）个体工商户营业执照

个体工商户营业执照指的是个体工商户的营业执照，它一般是由自然人运营的，项目少，注册资金少，其工作人员也少。而且，个体工商户没有健全的财报制度，无须建立账簿，也不需要每月做报表。这类型的营业执照样式，如图9-16所示。

图 9-15　公司型的营业执照

图 9-16　个体工商户营业执照

3）事业单位法人证书

事业单位法人证书是由事业单位管理机关颁发的、可以确认该事业单位法人资格的相关凭证。它的具体样式，如图 9-17 所示。

当然，在认证过程中，运营者还需要准备企业法人身份证和联系电话等资料。而如果运营者所在企业为特殊行业，可能还需要其他补充材料，譬如涉及卫生纸和纸尿裤的生产企业，在申请认证服务号时，需要补充《消毒产品生产企业许可证》；若申请方为销售企业，则需要补充进货单或授权证明。至于某些领域的企业认证服务号时，需要其他的补充材料，可查看快手官方的服务号行业资质表格，如图 9-18 所示。

从零开始做快手电商：引流涨粉 + 直播带货 + 橱窗小店 + 广告盈利

图 9-17 事业单位法人证书

图 9-18 快手官方的服务号行业资质表格

9.5 快手小店开通方法

快手平台不断地推出新功能，与时俱进、不断发展。2018 年 6 月，快手推出快手小店。快手小店是快手官方上线的商家功能，它的目的是为广大快手用户提供更便捷的商品售卖服务，而对于运营者来说，他们可以将自身的流量高效地转化为收益。根据官方说明，开通快手小店的运营者可获得以下收益。

（1）运营者可获得更多的收入方式，比如在短视频中插入购买链接。

（2）官方针对快手小店项目有各种特殊的曝光方式。

（3）在快手平台上，运营者可更系统、更方便地管理自己的货架和商品。

本节从快手小店开通方法和开通过程中遇到的问题进行具体分析。

9.5.1 快手小店开通教程

在开通快手小店之前，运营者先需要进行实名认证，如果已实名认证过，那么运营者可按照以下步骤，直接开通自己的快手小店。

步骤 01 打开快手应用主界面，点击 按钮，如图 9-19 所示；操作完成后，侧栏自动展开，点击侧栏中的"快手小店"按钮，如图 9-20 所示。

图 9-19 快手应用主界面

图 9-20 快手应用侧栏

步骤 02 跳转至快手小店开通界面，点击"0 元开通"按钮；操作完成后，跳转至"开通快手商品服务"界面，填写好资料之后，点击"提交"按钮即可，如图 9-21 所示。

图 9-21 快手小店开通操作

9.5.2 开店保证金

快手小店开通之后暂时是没有商品售卖功能的,如果运营者想要开通此功能,则需要缴纳一定的开店保证金。在本小节中,笔者将简单介绍开店保证金的缴纳方法。

运营者先进入"快手小店(卖家端)"界面,点击"店铺保证余额不足,提现功能关闭"横条;操作完成后,跳转至"基本工具"区域,点击"保证金"按钮,按系统要求缴纳保证金即可,如图 9-22 所示。

图 9-22 "快手小店(卖家端)"界面

我们点开几个快手小店可以发现，不同品类的店铺，运营者缴纳的保证金数额是有所不同的，如图9-23所示。

图 9-23　不同品类的店铺缴纳的保证金数额不同

快手为了规范各行各业的发展，发布了《快手小店资费一览表》，限于篇幅，此处只截取其中一部分，完整表单请读者移步快手官网，如表9-1所示。

表 9-1　《快手小店资费一览表》（部分）

一级类目	二级类目	三级类目	保证金（单位：元）			技术服务费率
			快手商品	产业带基地内商品	推广商品	快手商品
食品	酒类	其他酒类	500	-	500	2.00%
孕婴/乐器/玩具	乐器	西洋乐器	500	-	500	5.00%
		中式乐器	10000	5000	10000	5.00%
	玩具	模玩手办	10000	5000	10000	5.00%
		益智/布类玩具	500		500	5.00%
美妆/个护清洁	美妆/香水	彩妆	500	-	500	5.00%
		美妆/美甲工具	500	-	500	5.00%
	个护清洁	面部护理	500	-	500	5.00%
		神探护理	500	-	500	5.00%

9.5.3 快手结算规则

我们总能看到一些快手新人提问:"为什么快手提现这么慢?"又或者提问:"为何快手提现周期这么长?"本小节通过对官方结算规则的解读,为大家介绍快手结算周期与提现方式。

1. 货款结算周期

货款结算周期总共有 7 天,它的起始时间有 3 个,一个是用户确认收货的时间,另一个是商品发货 10 日后系统自动确认收货的时间,还有一个是用户完成维权后的时间。

2. 货款自动提现

货款提现方式总共有两种,具体分析如下。

(1)微信自动提现至余额:快手平台无额度限制,微信余额提现受微信平台的提现规则限制,具体以微信的公告为准。

(2)支付宝自动提现至余额:快手平台无额度限制,支付宝余额提现受支付宝平台的提现规则限制,具体以支付宝的公告为准。

3. 账单手动提现

若运营者只用支付宝提现,则每月结算金额要大于 100 元,少于 20000 元。若运营者在此基础上,再绑定微信支付方式,那么运营者支付宝提现的额度将会提升,具体金额与时间有对应关系,如表 9-2 所示。

表 9-2 支付宝提现额度与时间关系(单位:元)

	单次限额	每天	每周	每月
支付宝	0.01 ~ 20000	10 万(限制次数为 5 次)	50 万(限制次数为 35 次)	200 万(限制次数为 155 次)

9.5.4 商家等级规范

快手官方为了规范商家的经营行为,引入了快手小店商家等级制度,不同等级的快手小店商家,将拥有不同的权益,具体分析如表 9-3 所示。

表 9-3　快手小店商家等级权益

等级权益	快币奖励	订单配额	PK 或带货	官方认证	专享审核
V1	0 快币	400 单	-	-	-
V2	666 快币	2000 单	-	-	-
V3	6666 快币	40000 单	-	-	-
V4	16666 快币	100000 单	✓	-	-
V5	166666 快币	无限	✓	卖货达人	-
V6	666666 快币	无限	✓	卖货达人	✓
V7	6666666 快币	无限	✓	卖货大师	✓

第 10 章
小店变现：
高效转化获取巨额利润

> **学前提示**
>
> 　　快手小店是运营者必须重点把握的功能，运营者可以通过在快手小店添加商品，达到销售商品、获取利益的目的。
>
> 　　本章主要是让读者了解快手小店的基础知识、权限和运营技巧。

10.1 如何使用快手小店

快手小店为运营者带来了无限商机，让他们可以通过带货卖货从中获利。

10.1.1 快手小店介绍

快手小店由快手商品、营销中心、其他平台商品、基本工具和商家成长这 5 个部分组成，每个组成部分都有一定的价值。快手小店功能里有个快手购物车，它是视频运营者在分享新鲜好物时常用的组件，它的标识和抖音购物车一样，都是一个小型黄色购物车。

平时我们在看快手直播时，经常能在直播画面的下方发现🛒标识，此购物车图标能添加商品链接，用户只需点击这个图标，就能看到该运营者带货的产品，如图 10-1 所示。同理，在带货短视频下方，也有一个🛒标识，如图 10-2 所示。

图 10-1　直播间购物车图标

图 10-2　带货短视频购物车图标

10.1.2 快手小店销售方式

既然说快手小店功能给运营者带来了商机，那么它是怎样卖货获利的呢？

1．多样的收入方式

运营者可以利用快手小店中的购物车功能，将自家的产品链接插入直播界面中，当快手用户刷到了这个直播时，如果他们对其中的产品感兴趣的话，就会点击产品链接查看产品详情。如果用户产生了购买欲望的话，他们就会直接购买，所以这样的功能是不是给产品增加了一个便捷有效的销售渠道呢？

2．便捷的商品管理和售卖

其实，在大多数电商平台，运营者必须先开设店铺才能销售产品，实现变现，而快手小店的模式却有很大不同，即便某些运营者没有自己的店铺，他们也可以通过添加别人店铺的产品链接销售产品，以此获得一定的佣金。

所以，官方推出快手小店功能，给有销售产品想法的人提供了巨大的机会，只要运营者想参与，就可销售产品，实现变现。比如，账号"XXX好物种草"带货视频中的产品并不是自有的，大多是来自其他人的快手小店，如图10-3所示。

图10-3　销售其他快手小店中的产品

3．额外的曝光机会

快手官方针对开通快手小店的运营者会增加额外曝光量，也就是说，运营者能获得更多的机会展示产品。

10.1.3　快手违禁商品

官方开放快手小店功能之后，虽然允许运营者自由销售产品，但是有些产品由于其自身的特殊性，不符合法律法规，快手平台是禁止分享和销售的，下面给大家总结了13种类目，如图10-4所示。

从零开始做快手电商：引流涨粉＋直播带货＋橱窗小店＋广告盈利

```
1. 迷信、违法违规商品。                    7. 成人保健品。

2. 黑五类（药品、医疗器械、丰胸、减肥、增高）。   8. 药品，含兽医药。

3. 手机卡、流量卡、影视卡等。              9. 药材，宣传功效/野生。

4. 虚拟的游戏代练等。                    10. 自制无检验合格证的食品。

5. 电子烟产品。                          11. 标国外奢侈品的服饰鞋靴箱包手表。

                                        12. 涉农类的商品（种子、树苗、饲料、农药、化肥等）。
6. 母婴产品（部分）。
                                        13. 无版权的书籍、音乐、影像等电子音像产品（包含音乐U盘）。
```

图10-4　快手禁止分享的商品类目（资料来源：百度）

　　快手官方平台已经对禁止分享和销售的商品类别进行了明确公示。同时，为了更好地规范某些快手电商销售违禁商品，运营者若有违规行为，便会受到相应的处罚。图10-5所示为快手平台颁布的违规处理条令。

```
警告；                                  暂停使用购物车功能；

违规商品下架；                          关闭快手小店功能；

全店商品下架；                          快手账号行为封禁；

限制发布商品；                          快手账号梯度封禁；

限制提报营销活动；                      快手账号永久封禁。
```

图10-5　快手平台的违规处理条令（资料来源：百度）

10.1.4　查看平台规则

　　既然运营者想利用快手小店功能销售产品，就一定要遵守快手官方平台的规则，约束自己的言行举止。那么，运营者如何去查看规则中心的具体内容呢？笔者接下来就进行介绍。

　　登录快手短视频App，进入"买家端|卖家端"界面，在该界面下方，可以看到"规则中心"，点击"规则中心"按钮，如图10-6所示；便可直接进入"规则中心"界面，如图10-7所示。

图10-6 点击"规则中心"按钮　　图10-7 "规则中心"界面

10.1.5 相关注意事项

快手是比较火爆的带货平台，在一些特殊节日，比如"双十一"和"双十二"，一小时就能成交成千上万的订单，甚至某些产品经常还会卖断货。那么，快手带货如此强大，小店运营者是不是只要想方设法卖出商品就可以了呢？不是的，笔者认为视频运营者想要在快手平台经营好自己，还需要注意以下几点。

1．货源必须要优质

怎么去判断自己分享的商品是好是坏呢？笔者认为就在于它的性价比，性价比越高的商品更容易得到用户的青睐。如果你分享的商品性价比不高，甚至是极低的，那么你的带货能力再好，你也很难把商品销售出去，即使你能销出部分商品，但你会遭到消费者的差评。

所以，快手达人在分享商品时，一定要注重商品的优质性，把性价比放在第一位，这对你以后的小店经营会有很大帮助。因为你在刚开始就建立了良好的口碑，用户都愿意购买你分享的商品。

2．一定要多积累粉丝

粉丝，也就是快手用户，快手达人们在经营快手小店前期，一定要积累足够多的粉丝，为什么要积累粉丝呢？这也是避免你在刚开始直播时，直播间太过于冷清，如果你直播间根本就没几个人在看，你自己说是不是很难销售出商品呢？

那么，快手达人们如何做到快速吸粉呢？笔者认为，可以经常发布一些有趣的视频内容或者搞笑的段子，甚至可以经常参与热门话题，提高自己账号的热度，做到这几点，账号的粉丝自然而然就增加了。

10.2 快手小店如何获取权限

10.2.1 快手商品如何添加

其实，我们开通快手小店的目的就是为了销售商品，那么我们如何在快手平台添加商品呢？我们添加的商品又该怎么进行分类呢？笔者将具体介绍。

1．添加商品

在快手小店添加商品的操作十分简单，具体步骤如下。

步骤01 在快手小店添加商品，登录快手短视频 App，进入快手小店，点击"添加商品"按钮，如图 10-8 所示；操作完成之后，便进入"添加商品"界面，如图 10-9 所示。

图 10-8 点击"添加商品"按钮

图 10-9 进入"添加商品"界面

步骤02 在"添加商品"界面中，点击商品类别里的"请选择"按钮，便可进入"选择商品类别"界面，如图 10-10 所示。

步骤03 操作完成后，便可进入"选择商品类别"界面，选择你要销售的产品。下面举一个简单的例子，以选择"食品"类别为例；点击"方便食品"按钮；系统会自动跳出一个"资质需求"对话框，点击"上传资质"按钮即可，如

图 10-11 所示。

图 10-10 "请选择"按钮和"选择商品类别"界面

 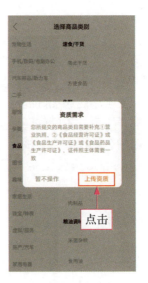

图 10-11 "选择商品类别"界面和"上传资质"按钮

步骤 04 完成之后，便可进入"新增资质"界面，运营者需要按要求填好信息，信息全部填好之后，点击"提交审核"按钮，如图 10-12 所示。在提交审核后，快手平台将对商品进行审核，为期 24 小时。如果商品审核成功，那么就意味着商品添加成功了。

图 10-12 "新增资质"界面

在添加商品时,运营者还可以点击"添加商品"界面上的"预览商品"按钮,如图 10-13 所示。操作完成后,页面跳转到"预览商品"界面,在该界面可以查看商品图片,设置商品规格,同时该界面还会显示你的店铺、客服、个人主页信息,如图 10-14 所示。因为笔者没有添加商品,所以"预览商品"是空的,如果运营者在快手小店添加好商品,就可进行详细查看。

运营者需要注意,不同的商品类别有不同的要求,有的商品只需上传资质,但有的商品还需缴纳保证金。根据《快手小店保证金管理规则》的相关规定,有的商品需要缴纳 500 元保证金,但有的商品需要缴纳的保证金更高,达到了 1 万元。

2. 商品管理

当你逛超市时,能看到超市里所有的东西都进行了分类,这样方便顾客寻找,也利于商品管理,同样,这一方法在快手小店也很适用。那么在快手小店,是如何进行商品管理呢?笔者通过具体操作来帮助大家细致解读。

打开快手短视频 App,进入快手小店,在"买家端|卖家端"界面找到"商品管理"按钮,然后点击相应按钮,如图 10-15 所示。操作完成之后,便可以进入"快手商品"界面,如图 10-16 所示。而该界面里有 3 种分类形式,即在售、审核和已下架。

图 10-13　点击"预览商品"按钮

图 10-14　"预览商品"界面

图 10-15　点击"商品管理"按钮

图 10-16　"快手商品"界面

同时，运营者还可以在里面搜索添加过的商品，因为该示范账号没有经营快手小店，所以快手小店里没有商品。而运营者想要运营快手小店的话，可以根据上述操作步骤去进行搜索和查看。

3. 删除商品

我们在快手小店里添加了很多商品，那么当商品过期或下架了，我们又该如何处理呢？笔者在这里简单说明一下。我们可以打开快手 App，进入快手小店，找到自己已经添加过的商品。如果商品已经下架或者不想再进行销售，就可以点击删除图标进行删除。

10.2.2　商品链接如何获取

很多运营者在其他平台都有自己的商品店铺，他们很想把自己在其他平台的商品添加到快手小店。还有一部分人，是没有自己的店铺的，他们也想在快手小店销售商品，那么运营者如何解决这个问题呢？下面通过具体步骤进行简单介绍。

步骤 01　快手运营者进入快手小店功能页，可从"其他平台商品"界面中直接点击"添加商品"按钮，如图 10-17 所示。

步骤 02　操作完成之后，进入"添加商品"界面。在该界面，快手运营者如果不知道怎么获取其他平台的商品，可点击商品链接后方的"如何获取"按钮，如图 10-18 所示。

图 10-17　点击"添加商品"按钮　　图 10-18　点击"如何获取"按钮

步骤 03　完成后，便可进入"如何获取"界面，该界面平台会教你如何获取链接，并添加到快手平台，如图 10-19 所示。

步骤 04　笔者在操作时，是从"淘宝"复制过来的商品链接，粘贴好之后，运营者就可以选择商品类别,点击商品类别中的"请选择"按钮,如图10-20所示。

图10-19 "如何获取"界面

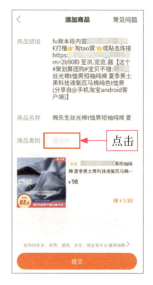

图10-20 点击"请选择"按钮

步骤 05 完成后,便可进入"选择商品类别"界面,然后找到相对应的商品类型,如图10-21所示。

步骤 06 如果运营者已缴纳了保证金,那么直接点击"提交"按钮,等待商品24小时的审核,如图10-22所示。

图10-21 "选择商品类别"界面

图10-22 点击"提交"按钮

运营者还需注意的是，如果你添加的商品不符合快手小店的标准，那么，运营者添加的商品是不可能审核通过的，所以在商品选择时，必须选择符合要求的商品。

10.3 快手小店的运营

快手小店的经营需要流量支撑，所以运营者要想经营好快手小店，主要是获得流量。那么如何运营快手小店，笔者认为运营快手小店可分为3个阶段。

10.3.1 快手小店视频制作

快手小店运营者把自己账号很好地包装后，面临的最大问题就是如何进行运营推广了。快手入门运营最重要的就是视频制作，因为优质的视频才能得到官方更多的推荐，才能获得更多粉丝的关注。

下面笔者将简单介绍一下快手视频的制作要点，具体内容参考以下3点，如图10-23所示。

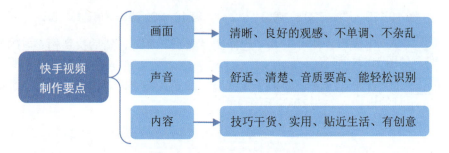

图10-23 快手视频制作要点

当运营者确定好自己该做什么内容后，就要学会怎么去拍摄视频，笔者在这里也为大家总结了3点。

（1）视频的时长。短视频以短为主，笔者建议一般的内容最好在30秒左右，这能保证用户在极短的时间内看完你的视频。可如果你发布的内容是比较具有实用性的，时长可自己决定，但不能超过两分钟，除非内容十分优质。

（2）视频中的字幕。字幕在短视频里面是很重要的，它决定了该运营者是否在认真运营该账号，如果运营者拍摄的视频不加字幕，那么短视频再优质，也会在用户心里大打折扣。

（3）视频的画幅。我们在观看短视频时，一般都是竖屏观看，所以运营者在制作短视频时，一定要把内容制作成竖屏模式。

我们都知道，具有技术性的视频更能够得到用户的喜爱和点赞。但拍摄技术性的视频不是一下子就能学会的,这需要运营者多操作、多练习,才能达到一个好的效果。

另外,每一个领域都有自己行业的发展特点,它们对视频拍摄技巧的要求也都不同,运营者需要多了解这个行业的知识,并将知识融会贯通,在镜头前深入浅出地描述出来。在拍摄视频时,运营者尽量做到最好,这样不仅可以让你规避一些错误,还可以帮助你更好地运营账号。

10.3.2 快手小店精细化运营

精细化运营对于快手账号运营者来说是非常重要的,只有把自己的账号做到足够精致,才能持续不断地吸引粉丝。那么如何做到精细化运营呢?笔者为大家总结了两点内容,具体如下。

1. 吸引粉丝,主动添加粉丝

我们都知道,要想做好短视频运营,首先要把短视频用户放在第一位,因为只有掌握了粉丝,你的账号才有发展的机会,才能实现流量变现。

账号运营者在开通账号后,通常会面临这样一个问题,就是账号的粉丝量极少,基本一开始没有什么粉丝。但是当你持续发布视频后,就会有越来越多的人观看你的视频,那么如何把这些人转化成你的粉丝呢?建议大家主动去添加粉丝,这样既能引起粉丝的关注,又对自己的账号做了很好的宣传。

短视频平台是以粉丝为基础的,只要你的粉丝足够多,那么你的运营发展就会越来越好。

2. 多利用互联网平台推广

现如今,短视频平台非常多,如果你想把自己的快手账号推广出去,就必须有效地利用这些平台。如果其他平台的用户觉得你可以帮助他解决一些问题,甚至还会实现二次推广。

要想做到账号的精细化运营,运营者就要牢记以上两点,它们可以帮助你的账号迅速成长为成熟的账号。

10.3.3 快手小店多种玩法

我们已经基本掌握了如何在快手小店添加商品、删除商品和商品分类,也认真学习了快手小店的入门运营和精细化运营,那么最重要的一点来了,我们如何玩好快手小店?运营者必须要掌握快手小店的一些玩法,如多账号运营、参与官方活动和参与话题。这些新玩法,可以有效地帮助运营者经营好快手小店,笔者接下来会向各位读者一一介绍。

前面讲过的矩阵账号，还有另一种玩法，通过"@"等方式，互相进行账号间的推广引流。我们在刷快手短视频时，经常看到很多相互关联的账号在一个视频中，这就是该账号运营者使用的一种快速推广账号的方法。

多账号运营可以有效地帮助账号的推广引流，拓宽快手小店的销售途径，因为用户可以从你打造的矩阵账号中，发现更多的产品，这也为快手小店额外增加了推广量和销量。

参与官方活动玩法就是关注并参与快手官方平台推出的各种活动，从而可以更好地吸引快手用户关注你的账号，获得更多的流量。快手官方平台平时会推出各种活动，如图10-24所示。

图10-24　快手活动海报

快手官方平台，在每年都会推出几个重大活动，这些活动触及十几亿用户，如果运营者积极参与了这些活动，便可获得非常可观的流量。如果运营者有快手小店的话，那么在此期间，该快手小店会得到很多人的关注。甚至当用户看到这个快手小店的产品，觉得可以满足他们的需求，他们也会一直光顾你的小店，并进行购买，那么，运营者就可以成功获利了。

参与活动玩法，其实就是根据快手中的某些话题进行营销和挑战。从具体角度来看，参与话题可分为3个方面，即尽可能多地参与快手官方平台推出的话题挑战赛，尽可能自己多发起和多打造出相关热门话题，尽可能积极参与快手达人超级话题的定制。

第 11 章
广告投放：
获得高收入的基础方式

学前提示

快手广告与传统的搜索类广告有很大的区别，以前的搜索类广告是用户寻找商家；而快手广告则是根据商家的需求，结合快手平台的用户数据，运用快手的智能算法，让广告可以精准地触达人群。本章将具体介绍快手广告的特点及多种投放方法。

11.1 广告投放

截至 2020 年年底,快手平台已拥有用户量超过 7 亿,其中红利自然引起了广大快手运营者的兴趣。单从广告的角度来说,如此巨大的曝光量就够运营者兴奋一阵子了,加上合理的优化,那么快手就可以给运营者带来良好的广告效果。本节将从快手广告效果、快手广告特点、如何做快手广告,以及快手热门广告行业分析等多个角度,具体分析快手广告的方方面面。

11.1.1 快手广告效果

快手的广告商业投放系统是 2017 年正式上线的,经过这几年的长足发展,快手平台已经积累了很多广告投放和优化的经验,广告匹配算法也有了很大的提升。2019 年,快手将营销平台升级为"磁力引擎",目的是在广告营销领域持续发力。

快手广告效果因人而异,任何网络广告、电视广告,乃至寻常的街头广告,都有好与不好的情况出现。总的来说,快手广告匹配算法使投放目标受众与运营者营销目标受众的特征相似,广告效果较好。比如,在快手"精选"界面中,某彩妆品牌会将自己的产品广告投放给年轻女性用户,以吸引更多用户购买自己的彩妆产品,如图 11-1 所示。

图 11-1 快手"精选"界面的广告

11.1.2 快手广告特点

因为快手平台的自身特点，决定了快手广告也具有其自身的特点：用户人群多、用户标签多和按效果付费。

1. 用户人群多

根据相关数据披露，2020年快手用户数量已超过7亿，其中日活跃用户数量也在不断攀升。从2018年5月的1亿日活跃用户，截至2020年1月已高达3亿日活跃用户，如图11-2所示。

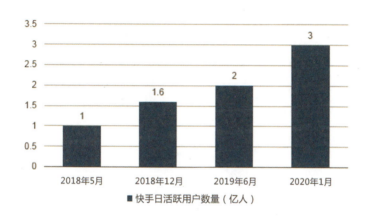

图11-2 快手日活跃用户（资料来源：网络）

根据艾媒咨询的2020年3月发布的数据来看，快手中24岁及以下用户的占比为48.58%，25～30岁用户的占比为29.27%，31～35岁用户的占比为8.9%，36～40岁用户的占比为4.98%，41岁及以上用户的占比为8.27%，如图11-3所示。

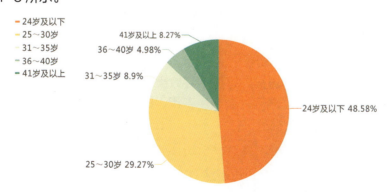

图11-3 2020年3月快手用户年龄分布（资料来源：艾媒咨询）

从图 11-3 中可知，在快手平台上，青年人占比很多，尤其 30 岁以下的用户占比超过 70%，说明快手平台用户普遍消费能力高，适合运营者投放广告。

2. 用户标签多

对于运营者来说，平台光有用户量是不行的，还需要有细化的用户标签，这样才能更精准地投放广告。否则，没有细化的用户标签，运营者的广告投放就如大海撒盐，没有任何效果。目前，快手平台拥有年龄、地域、兴趣、性别等诸多标签，运营者可自行前往快手后台查看，或者前往第三方程序查看。图 11-4 所示为飞瓜快数上的用户标签数据。

图 11-4　飞瓜快数上的用户标签数据

3. 按效果付费

一般来说，快手的广告推广是按最终效果来收费的，只有运营者的广告视频成功地投放到指定人群之后才会产生费用。以最简单的广告定向推广来说，运营者可以让自己的广告视频进行系统智能投放，也可以推给粉丝，如图 11-5 所示。

图 11-5　广告视频系统智能投放或推给粉丝

11.1.3　如何做快手广告

在快手平台上，运营者在投放广告时，按照以下 3 个步骤进行操作，可以逐步取得不错的效果。

1. 定位清晰

与账号定位一样，运营者在投放广告时最应该注意的是自己的定位要清晰。因此，运营者在投放广告前需做充分的准备，比如调查用户数据、了解用户画像等。如果某运营者的粉丝大多是宝妈，那么她选择投放童装的广告是极正确的做法，如图 11-6 所示。

2. 广告风格与平台一致

快手平台拥有众多用户，其运营者的短视频的共同点是，风格欢快，内容平民化，贴近普通人的生活，这些特点最接近快手平台的定位。因此，运营者要想在快手上做广告，其广告风格就要与平台一致。

3. 借助热点做广告

热点是快手用户都关注的话题，所以运营者可以借助热点做广告，这样不仅可以蹭热度，还可以带来很大的曝光量。

图 11-6 销售童装的运营者

11.1.4 快手热门广告行业分析

由于快手平台的属性,导致不同行业的运营者在快手上做广告所达到的效果不同。本小节将具体分析快手的优质广告行业。

1. 婚纱摄影

在快手平台上,婚纱摄影行业发展良好,大多取得了不错的效果,也就是说,此行业能在快手取得不错的转化率。一般来说,婚纱摄影行业的运营者都是在本地运营的,其目标用户都是本地 20～35 岁的适婚人群。比如,某运营者将婚纱摄影账号命名为"郑州 XXXX 婚纱摄影",以吸引郑州本地用户,如图 11-7 所示。

下面从 3 个方面具体分析婚纱摄影行业账号适合在快手上发展的原因。

(1) 用户群体高度匹配。快手平台上的用户群体大多是年轻人,这与婚纱摄影行业的目标用户高度一致。快手上的年轻人,尤其是其中的结婚或准结婚人群,对婚纱摄影产品的需求量极大,因此,婚纱摄影行业账号凭借这个天然的条件,能在快手上获得巨大的曝光量。

(2) 快手定向服务。前面提过,快手主要是提供本地生活服务,因此运营者可以利用快手的同城功能,投放婚纱摄影广告。

(3) 更多定向服务。快手可以提供更多定向服务,如运营者可利用年龄、性别等进行定向，从中筛选出符合婚纱摄影运营者目标的用户，从而可以更精准地投放广告。

图11-7　某婚纱摄影行业账号

2．教育培训

教育培训行业的目标用户都是需要提升能力、获得技能的人。顾名思义，教育培训行业可以分为教育行业和培训行业，它还可以分为课外辅导、外语培训和技能培训等。

分开来说，教育行业的目标用户是学历不高或知识储备较少的人群，培训行业的目标用户是技能水平低和不好找工作的人群。而该行业的目标人群与快手的用户群体是高度一致的，因为快手大部分用户学历不高，而且许多用户生活在三、四线城市或农村，如图11-8所示。快手大部分用户与教育培训行业目标客户比较一致。

3．网络游戏

网络游戏广告是网络广告最重要的组成部分，很多社交平台、视频网站、新闻媒体以及短视频平台，都会开辟崭新的网络游戏栏目，当然快手也不例外。比如，快手上不仅入驻了大量的游戏主播，还开辟了专门的游戏直播栏目。至于快手适合游戏行业账号发展的原因，主要有以下几个。

（1）快手用户大多为有一定经济能力的年轻人，他们有足够的空闲时间来玩游戏。从这个层面来说，快手用户年龄层次低，且男性用户占比更高，因此快手用户的游戏意愿很高，适合运营者投放游戏广告。

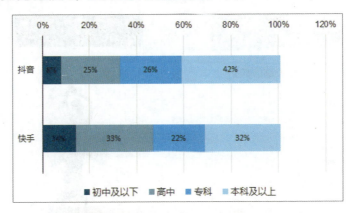

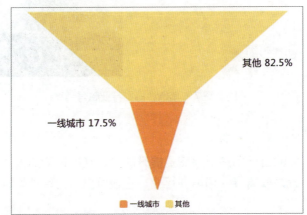

图 11-8　快手、抖音用户学历对比（上）与快手用户地域分布（下）（资料来源：艾媒咨询）

（2）快手游戏用户充足，加之游戏企业非常重视广告投放。因此，企业运营者在快手上投放广告，既能发展自己的业务，获得更多游戏用户，也有利于快手游戏生态的融合。

11.1.5　快手禁投广告的产品

快手是一个备受关注的短视频平台，很多运营者都想在快手上投放广告，吸引更多粉丝，但在快手上并不是所有行业都能投放广告的。本小节将具体讲述快手上常见的不能投放广告的产品。

1. 特殊医药类产品

根据《中华人民共和国广告法》第十五条的规定，麻醉药品、精神药品、医疗用毒性药品、戒毒医疗器械等，不能在快手上投放广告。具体被禁止投放广告的药品类型，如图 11-9 所示。

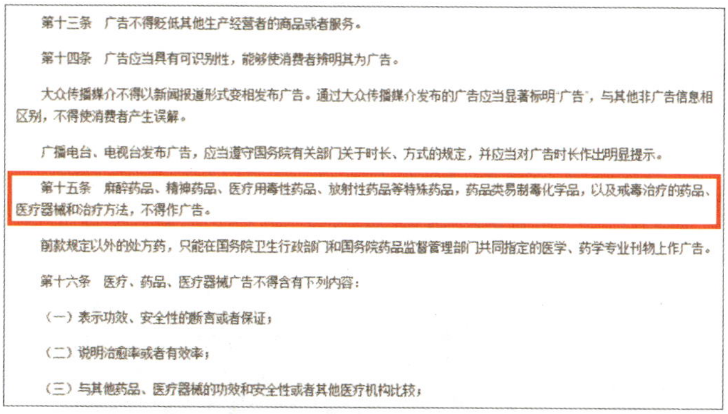

第十三条　广告不得贬低其他生产经营者的商品或者服务。

第十四条　广告应当具有可识别性，能够使消费者辨明其为广告。

大众传播媒介不得以新闻报道形式变相发布广告。通过大众传播媒介发布的广告应当显著标明"广告"，与其他非广告信息相区别，不得使消费者产生误解。

广播电台、电视台发布广告，应当遵守国务院有关部门关于时长、方式的规定，并应当对广告时长作出明显提示。

第十五条　麻醉药品、精神药品、医疗用毒性药品、放射性药品等特殊药品，药品类易制毒化学品，以及戒毒治疗的药品、医疗器械和治疗方法，不得作广告。

前款规定以外的处方药，只能在国务院卫生行政部门和国务院药品监督管理部门共同指定的医学、药学专业刊物上作广告。

第十六条　医疗、药品、医疗器械广告不得含有下列内容：

（一）表示功效、安全性的断言或者保证；

（二）说明治愈率或者有效率；

（三）与其他药品、医疗器械的功效和安全性或者其他医疗机构比较；

图 11-9　《中华人民共和国广告法》（部分）

2. 母乳替代类产品

根据《中华人民共和国广告法》第二十条的规定："禁止在大众传播媒介或者公共场所发布声称全部或者部分替代母乳的婴儿乳制品、饮料和其他食品广告。"此前母乳替代类产品经常出现问题，2014 年修订后的《中华人民共和国广告法》是严禁此类广告的。

3. 烟草

根据《中华人民共和国广告法》第二十二条的规定："禁止在大众传播媒介或者公共场所、公共交通工具、户外发布烟草广告。禁止向未成年人发送任何形式的烟草广告。"由此可知，快手 App 属于大众传播媒介，是无法发布烟草广告的。

4. 其他产品

《中华人民共和国广告法》对许多产品和行业广告进行了规范，比如保健类食品、普通医疗药品、教育培训广告、房地产广告等，法律条文都标明了相关的禁用词句，运营者在投放广告前应该仔细了解一番。

11.2　磁力聚星

何谓"磁力聚星"？这是快手平台推出的一个快手达人生态营销平台，它的目的是让内容（图片或短视频）与生意一拍即合。在本节中，将为大家具体介绍磁力聚星的推广特点、营销场景以及相关案例。

11.2.1 推广特点

快手的磁力聚星，可以快速连接运营者与用户，并且能为运营者提供便捷的推广营销服务。总的来说，它可满足运营者或创作者多方位的推广营销需求，实现品牌与效益合一，其特点主要体现在以下 4 个方面。

1．快手与创作者共赢

快手"老铁经济"的 3 根支柱是用户、创作者和客户，当他们之间产生信任时，可以释放"老铁经济"的优势，实现共生共赢，如图 11-10 所示。

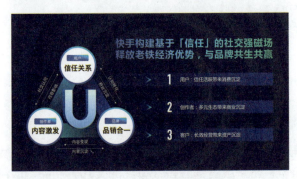

图 11-10　快手与创作者共赢

2．创作者数量飙升

从快手官方发布的《2020 磁力聚星创作者生态价值报告》中的数据来看，快手平台的创作者数量越来越多，仅 2020 年 1—11 月，创作者数量就飙升了 181.1%，这种趋势也反映出快手磁力聚星是一个值得信赖的推广平台，如图 11-11 所示。

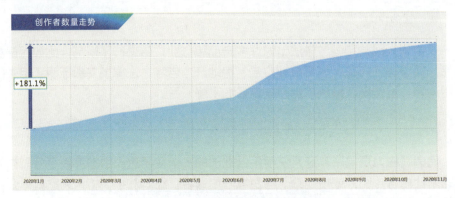

图 11-11　快手创作者数量飙升图

3. 创作者年轻有活力

从性别上说，磁力聚星上的男性占比高达 59.8%，超过了女性的比例；从年龄上说，40 岁及以下的用户占比为 85%；从地域上说，磁力聚星上的创作者分布在二、三、四线城市，且高线城市 TGI（Target Group Index，目标群体指数）指数更高，而 TGI 指数越高，则说明城市分线越高，快手运营者或创作者分布越多，如图 11-12 所示。

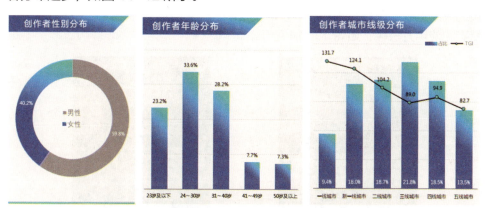

图 11-12　磁力聚星创作者性别、年龄和地域分布图

4. 磁力聚星百花齐放

根据官方数据，磁力聚星运营者或创作者蕴含的能量大，尤其拥有 10 万～50 万粉丝的运营者，此群体不仅在运营者中占比高，而且增速快；相对来说，拥有 50 万以上粉丝的运营者增速较缓，如图 11-13 所示。

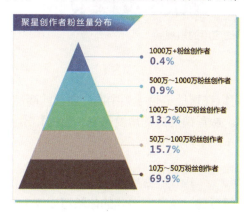
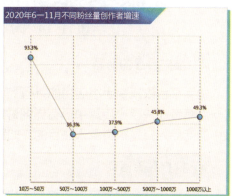

图 11-13　磁力聚星创作者粉丝量分布（左）与 2020 年 6—11 月不同粉丝量创作者增速

11.2.2 营销场景

经过多年的发展，快手已打造出多种营销场景，本小节将具体解析 3 种经典的营销场景。

1．推广移动应用

在直播中，运营者可直接向用户展示应用的使用方法，并且在直播下方有直接的应用下载入口；在短视频中，运营者结合具体的情节内容，向用户展示应用特点和使用方法等，如图 11-14 所示。

图 11-14　推广移动应用的短视频

2．推广自己的商品

快手平台依托快手小店功能，运营者可以在直播或短视频中推广自己的商品，这一点笔者在快手小店篇中已有详细讲解。从营销推广的角度来说，直播和短视频中的商品入口是极其惹人注目的，如图 11-15 所示。

3．推广品牌活动

在直播中，运营者可以直接与用户进行互动，这种沉浸式的体验可以激发用户参与活动的欲望；而如果运营者以短视频的形式推广活动，那么活动便可触达更广泛的人群，如图 11-16 所示。

图 11-15 直播（左）和短视频（右）中的商品入口

图 11-16 短视频中的京东活动

第二章 广告投放：获得高收入的基础方式

11.2.3 推广案例

前面已经具体分析了磁力聚星的相关特点和内容,下面将结合案例,具体分析磁力聚星的优势。

1. ××语音

为了推广××语音应用,广州××网络科技公司与快手网红进行了深度合作,开发一个搞笑情景剧。在该情景剧中,老板与员工在××语音上聊天,他们分别认识了一个网友,结果老板与员工认识的网友其实就是对方,从而发生了一段啼笑皆非的故事。在该情景剧中,××语音是重要的道具,这种推广形式不仅非常有趣,还能于无形之中完成推广任务,如图11-17所示。

图11-17 ××语音推广案例

2. ××保险

某运营者的快手账号定位是侦探类账号,短视频中的主角一般眼光犀利,能从层层迷雾中发现真相,辨别出各种各样的诈骗手段。运营者与某保险公司合作推广××保险时,也将这种侦探和悬疑风格继承了下来。

在短视频中,老奶奶的女儿踢到石头,不小心摔了一跤,老奶奶扶着女儿将主角的车拦了下来,恳求主角载他们前往医院。主角的朋友如以往剧情中一样,脱口而出:"不会是骗子吧?"主角却说:"救人要紧。"

来到医院后,主角的朋友问:"那姑娘没事吧?"主角分析道:"她早就没事了。她摔倒时身体不是前倾,而是直接坐在地上,应该是假装摔倒的;上车时她捂着右腿，下车时却捂着左腿；她口袋里掉出来的是她母亲的病历，而非自己的病历。因此，需要看病的不是她，而是她母亲。"随后，姑娘出来解释了母亲的病情，而主角劝姑娘给母亲买一份保险，如图 11-18 所示。

图 11-18　××保险推广案例

11.3　信息流广告

快手信息流广告是 2017 年上线的，经过 4 年的发展，快手已挖掘出信息流广告的最大优势，可以为更多运营者或商业伙伴赋能。总的来说，快手信息流广告不仅可以提高用户的观看体验，还能提高产品的曝光率。本节介绍快手信息流广告的投放。

11.3.1　信息流广告特点

快手信息流广告主要有弱提示、更前置和高互动的特点，本小节就从这 3 个方面具体分析快手信息流广告的特点。

1. 弱提示

经过实际测试，当用户关闭大屏模式时，"发现"界面的第五或第六个作品极有可能是广告内容。当然，快手上的广告作品也不局限于形式，可以是图集，也可以是短视频。而且，广告作品下方的"广告"字样很小，这种弱提示能增加广告的点击率和成交率，如图 11-19 所示。

图 11-19 关闭大屏模式时的弱提示

当用户开启大屏模式时,第 1 章已经提过,"发现"界面作品布局会变成瀑布流形式。在这种情形下,大约刷 10 个视频后,会有 1 个视频是广告。同样,为了提高广告的点击率,让用户驻足,前几秒的"广告"提示也是弱提示,如图 11-20 所示。

图 11-20 开启大屏模式时的弱提示

2. 更前置

当用户停留在信息流广告界面时,快手会认为该用户对此广告中的产品和服务感兴趣，进而将弱提示转换为强提示，让"去逛逛""免费领取"等转化入口变得极其明显，更前置如图 11-21 所示。

图 11-21　转化入口更前置

3．高互动

正因为快手广告可以智能匹配目标人群，所以大多数信息流广告下方的评论区也异常热闹，用户们经常在评论区自由讨论问题，或直接对自己进行调侃，抑或对产品进行点评，如图 11-22 所示。

图 11-22　信息流广告的评论区

11.3.2 信息流广告目标

快手平台提供了 CPM（Cost Per Mille，千次展现成本）、CPV（Cost Per Visit，有效展示成本）、CPC（Cost Per Click，每次点击成本）、OCPC（Optimized Cost Per Click，优化点击成本）4 种信息流计费方式，同时提供了曝光数、点击数、行为点击数、下载完成数和激活数等多个优化目标。

1．CPM 计费

无论是传统媒体，还是像快手这样的短视频类新媒体，它们都有 CPM 计费方式。一般来说，如果运营者想要提高自己的影响力，而非以达成销售量为目标，则可以采用 CPM 计费方式。快手 CPM 费率按照热门程度进行了等级划分，在安卓平台展示最低费用为 15 元，在 iOS 平台展示最低费用为 20 元。

2．CPV 计费

通俗地说，CPV 计费就是按用户的有效观看收费，若用户观看信息流广告超过 3 秒才会计费，若用户未观看或观看广告不满 3 秒，则不会纳入计费范围。比如，某美妆广告的单个 CPV 收费为 0.5 元，运营者设置了每日最高广告预算为 150 元，那么当广告预算消耗完之后，该美妆广告便不会再向用户推广展示了。

3．CPC 计费

CPC 计费是互联网广告中最常见的广告计费模式，它针对的运营者群体与 CPM 计费模式不同——只有用户点击广告，快手平台才会计费；如果用户仅观看而不点击广告，那么快手平台是不会计费的。

总之，有些运营者只想要知名度，或者只想提高品牌出镜率和影响力，那么他们多半会选择 CPM 计费模式；有些运营者需要准确的点击率或产品成交率，他们可以选择 CPC 计费模式。

4．OCPC 计费

OCPC 计费模式是对 CPC 计费模式的升级和优化，快手平台通过自身优秀的智能算法，为运营者选择最佳和最适合的出价。总而言之，OCPC 计费是一种智能投放模式，快手平台基于自己对运营者数据的理解和分析，能预估信息流广告的转化效果，强化运营者的流量获取能力，控制转化成本。

11.3.3 信息流广告投放时间

因运营者营销的产品不同，或者所属的行业不同，则快手信息流广告投放的时间也有所不同。以推广游戏应用为例，它所面向的用户大多是“90 后”，此用户群体大多为工薪阶层，他们有自己玩游戏的时间。因此，运营者要想向这群“90 后”推广游戏应用，需要先摸清他们的作息规律，比如中午 12:00 左右、晚上 8:00—11:00 都是该群体的休闲时间，因此运营者可选择此时间段投放广告。

此外，如果运营者拿捏不准目标群体的休闲时间段，可以先小范围发放调查问卷，了解他们的休闲时间段等信息，如图 11-23 所示。

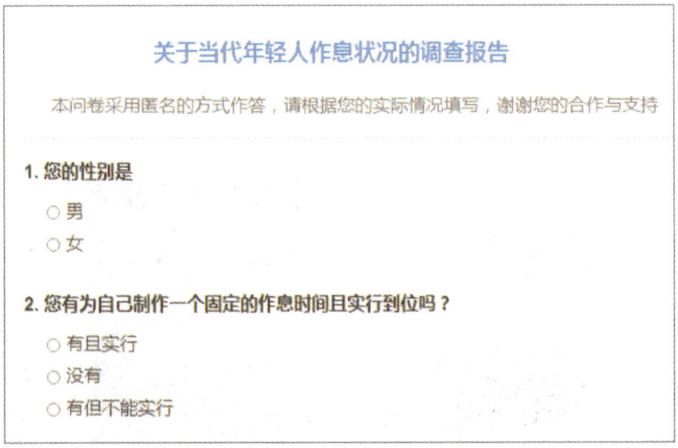

关于当代年轻人作息状况的调查报告

本问卷采用匿名的方式作答，请根据您的实际情况填写，谢谢您的合作与支持

1. 您的性别是

○ 男

○ 女

2. 您有为自己制作一个固定的作息时间且实行到位吗？

○ 有且实行

○ 没有

○ 有但不能实行

图 11-23　调查问卷

11.4　快手开屏广告

快手短视频与直播的火热，让大量用户在快手平台聚集。有人的地方就有快手广告。为了充分发挥快手广告的影响，快手发布了一系列相关的广告产品，其中最引人注目的非开屏广告莫属。

11.4.1　开屏广告的功能

快手开屏广告出现在快手应用首页，它的曝光量最大，以静态图片的形式显示 4 秒。根据相关专业人士分析，快手开屏广告主要有 4 项功能。

（1）支持安卓与 iOS 平台（主版本支持双平台，极速版只支持安卓平台，iOS 平台的快手极速版无开屏广告）。

（2）支持内链与外链，也就是说可内部跳转网页端，也可直接跳转至其他应用，比如某淘宝产品投放快手开屏广告后，点击即可跳转至淘宝应用。

（3）支持点击监测，能为运营者带来更多有效数据。

（4）CTR（Click Through Rate，点击通过率）大于 5%。

11.4.2 开屏广告交互逻辑

毫不夸张地说，开屏广告是快手的黄金入口，它可以快速抢占快手老铁们的第一视野，获得更多的曝光量。下面从 3 个方面具体分析快手开屏广告的交互逻辑。

1. 交互路径非常完整

从开机画面、信息流、视频详情页，到广告落地页，交互路径非常完整，可起到循循善诱的作用，促进开屏广告的点击率。此外，完整的交互路径能提升目标人群的体验，让他们顺利地抵达广告落地页，如图 11-24 所示。

图 11-24　完整的交互路径

2. 点击逻辑异常清晰

与抖音等平台的开屏广告一样，快手开屏广告点击逻辑也异常清晰，具体分析如下。

（1）点击区域：开屏广告展示期间，用户点击素材的任何区域，都可以直接跳转至广告落地页。

（2）转换按钮展示时机：开屏广告展示 1 秒之后，下方会弹出"查看详情"等按钮，点击该按钮，也可跳转至广告落地页。

（3）跳过按钮与倒计时展示时机：开屏广告展示 2 秒之后，开屏界面会出现"跳过"按钮。

（4）总展示时长：开屏广告显示总时长为 4 秒。

3. 开屏信息井然有序

快手开屏界面信息多而不杂，我们能清楚地看到开屏广告中井井有条的信息，如"广告标识""跳过按钮"等，如图 11-25 所示。具体来说，进入 App 后，若当前用户停留在发现界面，则开屏缩至信息流第二位，继续展示信息流封面。信息流封面出现带文案转化条，点击转化条区域可以直接进入广告落地页，点击其他区域进入视频详情页，视频上带有转化按钮，点击进入广告落地页。

图 11-25　快手开屏界面信息

11.4.3　开屏广告所需物料

运营者在快手后台投放开屏广告时，准备的开屏物料必须符合官方要求，才能快速通过审核，如表 11-1 所示。

表 11-1　快手开屏广告所需物料

物料说明			物料名称	数量	物料尺寸和格式
快手开屏	开屏	图片	竖版图片	6	1080×1800、1080×1920、720×1040、750×1084，格式为 PNG、JPG、JPEG，大小不超过 300K
		文案	转换条文案	1	10～16 字（两个英文操作符算作一个汉字字符）
		链接	落地页链接	1	流畅性：打开流畅不卡顿；相关性：落地页与图片、文案具有强相关性，契合品牌营销目标；用户体验：交互操作流畅与图片、文案调性保持一致

续表

物料说明	物料名称	数量	物料尺寸和格式
快手开屏	视频	竖版视频	1	格式：大小不超过100M，9∶16的竖版全屏视频，MPEG-4/H.264/HEVC 编码的 MP4 视频，分辨率大于等于 720P，码率大于等于 3000kbps，帧率大于等于 20fps； 音频编码：AAC 双通道且码率大于等于 64kbps
快手开屏	文案	开屏封面转换文案	1	4 个字以内（两个英文操作符算作一个汉字字符）
		视频详情页广告语	1	30 个字以内（两个英文操作符算作一个汉字字符）

11.4.4 账号物料要求

"开屏信息流联动样式"会展示广告主头像和昵称，因此运营者提交广告物料时需同时提交用户头像、用户昵称、个人主页及背景图作为物料的一部分进行审核，如表 11-2 所示。

表 11-2 快手开屏账号物料要求

用户头像	（1）必须为品牌 Logo 图片，且 Logo 需在图片正中位置或占比 50% 以上，以突出品牌名称，增加品牌辨识度； （2）Logo 必须完整，不得被裁剪或添加与品牌不相关的元素； （3）图片不得有无意义边框； （4）头像需清晰，不能模糊变形，不能出现马赛克
用户昵称	（1）必须为品牌名称，不限制中英文，不得添加无意义文字及符号（仅可接受"-"），大小写暂无限制，根据品牌名称判定； （2）如需添加后缀词，形式必须为：××官方、××中国
个人主页及背景图	（1）需与品牌及品牌行业相关，与品牌调性保持一致； （2）图片需清晰，不能模糊变形，不能出现马赛克； （3）不能有无意义边框； （4）不得使用高饱和度背景色和文字颜色，背景色与文字色差对比不能过大； （5）图片中主体不能被截断

11.4.5 物料提交数量规范

当运营者单日购买量级较大时,为提升用户体验和投放效果,需要准备多创意投放,即准备多套素材,具体说明如下。

(1)单日购买轮播数小于等于3时,最终审核通过素材最多1套。
(2)单日购买轮播数大于3小于等于5时,最终审核通过素材最多2套。
(3)单日购买轮播数大于5小于等于10时,最终审核通过素材最多3套。
(4)单日购买轮播数大于10时,最终审核通过素材最多4套。

11.4.6 物料提交时间规则

快手开屏广告物料交付时间规则分为对外规则与对内规则。

1. 对外规则

快手开屏广告对外规则主要有以下两条。

(1)投放开屏轮播广告,运营者至少提前5个工作日下单并提交物料,按照邮件格式发出,提交物料审核。
(2)运营者至少于投放前3个工作日完成广告系统中的审核步骤(即广告创建、广告审核、广告体验、确认投放),开始广告缓存。

2. 对内规则

(1)如物料在投放前5个工作日整,尚未完成物料交付和广告缓存,需要运营者发送邮件说明实际情况和原因(收件人:快手+客户运营),给出自己的决策判断是否继续按照原计划排期推进,以及解决方案和时间点。
(2)如物料在投放前3个工作日整,尚未完成物料交付和广告缓存,需要广告业务中心负责人发送邮件说明实际情况和原因(收件人:快手+客户运营+资源管理),给出自己的决策判断是否继续按照原计划排期推进以及解决方案和时间点。
(3)如物料在投放前2个工作日整,依然尚未完成物料交付和广告缓存,合同无条件自动进行排期延期。

11.4.7 物料内容审核规范

为了提升用户体验,以及提高快手开屏广告的质量,快手有一整套物料内容审核规范。若运营者遵守此规范,能提高审核速度,减少等待时间,如表11-3所示。

表 11-3　快手开屏广告物料内容审核规范

清单	要求
营销目标	推广品牌：需要突出品牌相关信息，如品牌标志、品牌推广语等； 推广活动：活动利益点突出； 推广应用：应用要有突出的营销点
用户体验 素材整体调性	（1）素材中涉及的人物和场景表达，拍摄风格（色调、景别、镜头运动速度）须与推广内容和调性一致； （2）推广内容举例，如汽车、奢侈品、二次元等； （3）调性举例，如高级、贵、温馨、文艺等； （4）画面质量精良，避免廉价的视觉风格； （5）视频中出现的人物需美观、正面，不得扮丑，不得出现低俗、暴力、负面、消极的内容等
图片与视频	（1）画质画面清晰，不能模糊变形，不能出现马赛克； （2）视频须为竖版全屏视频，不能使用横版视频； （3）不能使用横版拼屏，不能为横版转竖版，不能使用图片幻灯片拼接视频； （4）不能有黑边、白边； （5）在开屏画面、封面、视频详情页里，关键信息须在安全区域内； （6）不得使用高饱和度背景色和文字颜色，背景色与文字色差对比不能过大； （7）突出主体，主体不能太小不好辨识； （8）主体不能被截断； （9）开屏、信息流封面和信息流视频，这三者的内容必须有强相关性
声音	视频素材声音须完整，且正常无杂音，广告播放时间内须持续有声音，不得出现突兀的声音，包括但不限于爆破音、尖叫声等
落地页	（1）打开顺畅（必须保证 1 秒内能稳定打开）； （2）与素材具有强相关性，能很好地契合营销目标； （3）交互顺畅； （4）保持高质量体验，与素材调性保持一致

续表

清单		要求
用户体验	文字	（1）要求为标准字体，语意连贯，表意传达清晰，可包含英文，尽量不要包含特殊字符； （2）开屏画面、封面、视频里出现的广告语都应该与品牌内容或本次营销目标紧密关联
	利益点	（1）中文，清晰易懂，内容明确且不能有逻辑问题； （2）与主题和落地页要保持一定的相关性

11.4.8 物料版权审核规范

随着国家经济的发展与民众精神生活的日益丰富，大家也越来越重视版权，尤其是印发《2020年全国打击侵犯知识产权和制售假冒伪劣商品工作要点》之后，国家对盗版打击越来越重视，因此，运营者必须严格审查物料版权，避免陷入版权纠纷。表11-4所示为快手开屏广告物料版权审核规范。

表11-4 快手开屏广告物料版权审核规范

清单		要求
营销目标		推广品牌：需要突出品牌相关信息，如品牌标志、品牌推广语等； 推广活动：活动利益点突出； 推广应用：应用要有突出的营销点
版权	字体	（1）运营者应对物料中出现的字体版权负责，请使用已购买版权的字体或免费商用字体进行设计制作。 （2）具体来说，方正旗下的字体，除方正黑体、方正书宋、方正仿宋、方正楷体之外，其他字体的商用需获得授权。又如，微软雅黑字体版权属于方正，不能用作商业用途。 （3）常见的免费商用字体有思源系列和明体系列
	视频或图片	运营者应对物料中使用的视频片段或图片素材版权负责，请使用已购买或已授权的视频或图片素材
	音乐	运营者应对物料中使用的音乐版权负责，请使用已购买版权的音乐制作视频
	人像	视频或图片中出现的演员需有人像授权

第 12 章
广告优化：精准触达快手目标人群

学前提示

广告投放并不是只需要准备相关物料就行，在此之前，运营者还需要了解自己的粉丝画像，了解产品的销售情况和受欢迎程度……总而言之，运营者在广告投放过程中，需要对广告的方方面面进行优化。

12.1 不同行业广告的优化

快手广告投放有一定的规范，运营者按照规范设计或制作，即可达到投放标准，相对来说很简单。但是，快手广告优化却没有一定的标准或规范，完全靠运营者的能力与经验来优化提升广告投放的效果。本节将具体分析广告精准投放的方法，以及不同行业广告的优化方法。

12.1.1 精准投放快手广告

运营者只有精准投放广告，才能将广告精准地触达目标人群。这样不仅能减少资源浪费，还能降低推广成本。具体来说，运营者可以从以下两个方面来精准投放自己的快手广告。

1．分类投放

运营者可根据产品特点和适宜人群来投放快手广告，比如母婴用品适合宝妈人群，护肤产品适合女性等。总而言之，运营者只有依托快手，有针对性地投放广告，才能提高广告的人群触达率和转化率。

2．用户环境

运营者除了可以分类投放广告之外，还可以结合用户环境投放广告。具体来说，用户环境包括但不限于移动设备、网络环境、系统版本和设备品牌等。根据用户环境投放广告，能在一定程度上契合用户需求。比如，将OPPO手机壳广告推送给OPPO用户，肯定比将OPPO手机壳广告推送给华为手机用户的转化率高。

12.1.2 游戏行业广告优化

根据相关数据机构分析，快手日活跃用户量已超过3亿，成为国民级应用，而运营者如何从快手平台挖掘潜在用户、促成意向用户和精准投放广告，这一直是营销行业的一大痛点。下面笔者从3个角度具体分析游戏行业广告的优化方法。

1．3大行为场景筛选用户

当快手在广告投放系统中新增"行为意向"广告时，运营者可从"行为定向"和"意向定向"两个标签来筛选用户群体。在"行为定向"标签下，运营者可通过社区、App和推广3大场景精准筛选目标用户。

在实际的广告投放过程中，不同的行为场景，能反映用户不同的心智，而运营者锁定这些行为场景，并做进一步的观察和分析，有利于运营者提高快手广告投放的精准度。

正如前面所说，"行为定向"所包含的 3 大行为场景便是社区场景、App 场景和推广场景。

运营者在推广游戏广告时，可以通过社区场景、App 场景和推广场景覆盖全体用户，还可以通过玩法、题材和利益，进一步精准触达目标用户群体，如图 12-1 所示。

图 12-1　快手广告系统后台图

2. 3 大关键因子筛选用户

运营者用"行为定向"的 3 大行为场景锁定用户之后，还可以继续通过类目词、窗口行为期和行为强度 3 大关键因子进一步筛选用户。

1）类目词

为满足运营者或广告主的需求，"意向定向"功能提供了众多行业类目词。具体来说，游戏行业在其中有 3 个二级类目和 29 个三级类目，覆盖了众多行业，可以满足大部分运营者的需求，如图 12-2 所示。

图 12-2　快手广告系统的类目词选择界面

2）窗口行为期

由于用户产生行为的周期各有长短，因此快手广告系统提供了 7 天、15 天、

30天、60天、90天和180天，运营者可根据用户的记忆和群体覆盖范围，自行斟酌选择合适的窗口行为期。

3）行为强度

行为强度指的是用户对运营者的服务、商品或短视频的兴趣，运营者可以根据快手后台的相关数据，筛选出高强度的用户群体。

通过这3大关键因子的组合，能让运营者制订更人性化的销售方案，拓展品牌认知，通过降低行为强度，可以扩大类目词的搜索范围。相关游戏案例显示，通过3大关键因子的优化之后，能提高运营者的投放ROI，如图12-3所示。

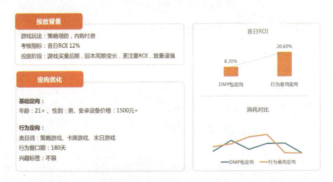

图12-3　游戏案例数据分析（资料来源：网络）

3．游戏全周期投资策略

游戏行业的运营者最注重的就是游戏用户的留存率，以及游戏本身产生的转化率。简单来说，早期运营者可以增加行为窗口期，不限制行为强度，积累大量的用户数据。而在后期优化阶段，运营者减少行为窗口期，增加行为强度，实现精准营销，如图12-4所示。

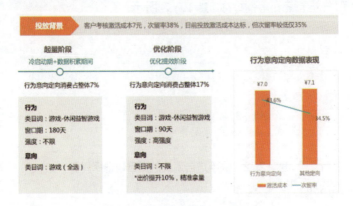

图12-4　游戏全周期投资策略

12.1.3 服装行业广告优化

服装行业账号应该是快手上相对常见的账号,运营者一般是通过直播、短视频和快手小店变现。本小节将通过以下 5 个角度,具体分析快手服装行业广告的优化技巧。

1. 针对人群投放

运营者可以利用快手的 AI 算法,挖掘青年男女在打扮方面的需求,再采用有针对性的策略投放服装广告。

2. 检查用户画像

快手用户主要以年轻人为主,大多数年轻人注重仪表与打扮,这一点需求完美契合服装行业运营者的定位。因此,运营者制作的广告内容、效果和服装特质都要高度吻合这一特点。

3. 找代理商

快手是一个流量庞大的平台,若运营者没有利用适当的方式优化或投放广告,快手平台流量再多,也只会与你擦肩而过。因此,运营者想要提高投放的效果,可以与专业的代理商合作,确保所投放的每一分钱都花在刀刃上。在"快手大学"网页上,快手官方公布了诸多实用的代理商案例,可供运营者参考借鉴,其中颇为成功的便是 Wi-Fi 万能钥匙和蘑菇街,如图 12-5 所示。

图 12-5　Wi-Fi 万能钥匙和蘑菇街案例

4. 服装创意广告

快手上的年轻人非常爱时髦,有着特立独行的思想,追逐新颖、新奇和有创意的内容。运营者可利用他们的这一特点,创作一些创意广告,令他们耳目一新,从而提高服装产品的成交率。

5．通过穿搭推广

几件普通的服装会因为搭配而显得非常雅致,这就是为何大家都感觉明星穿搭风格比普通人好看,在服装搭配上尽力模仿明星风格。因此,运营者可以拿捏住用户的消费心理,通过讲解穿搭推销服装,从而取得较好的广告转化效果,如图 12-6 所示。

图 12-6　通过穿搭推广

12.1.4　玩具行业广告优化

如今玩具市场的整体需求越来越大,市场容量不可估量。但是,玩具市场同质化严重,要想在浩繁的玩具厂商之中脱颖而出,运营者便需要对广告进行优化。

1．制订营销方针

虽然玩具的使用者大多是小孩,但购买玩具的用户是青年人。因此,玩具行业的运营者可直接将广告投放给 30 岁左右的青年人,与化妆品不一样,无须区分性别,契合快手平台的用户画像。

2. 广告制作技巧

玩具类广告也需要一定的制作技巧，比如在短视频中为玩具添加一些要素，如创意玩具。当然，运营者也可以在价格上下手，突出玩具的性价比，如图12-7所示。

图 12-7　突出性价比的玩具类广告

3. 重视品牌推广

运营者可以将玩具的特质融入品牌中，或缔造一个品牌特质。而品牌特质可以体现在广告语或产物包装上，或品牌 Logo 小细节中，这一点需要运营者细细研讨。总而言之，品牌特质推行得好，可以让品牌形象深入人心。

12.2　快手小店通

快手小店通是运营者获取公域流量、商品访问和支付的工具，同时它能为运营者进行带货短视频推广和直播推广，如图12-8所示。本节将简单介绍快手小店通的功能、支持类目、优势和相关操作，运营者可通过快手小店通的相关功能，实现广告效果的优化和提升。

从零开始做快手电商：引流涨粉＋直播带货＋橱窗小店＋广告盈利

图 12-8 快手小店通概念

12.2.1 快手小店通的功能

快手小店通支持短视频营销与直播营销，可促进快手小店客户的成长。在短视频营销方面，它通过公域拉新、私域促活和日常转化，实现广告精准触达、粉丝沉淀和长效转化；在营销产品赋能上，它能为短视频涨粉，发布直播预约广告，从而实现商品访问量的上涨和订单成交率的提高。

在直播营销方面，它可以为直播进行预热；在营销产品赋能上，它能实现直播预约，提高直播观看人数、直播商品访问量和直播订单成交率，如图 12-9 所示。

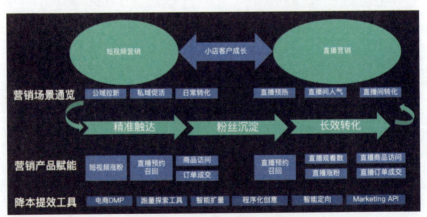

图 12-9 快手小店通能力一览

12.2.2 快手小店通支持类目

从快手官网的介绍信息来看，目前快手小店通覆盖的行业范围比较广，适合运动、乐器/玩具、生活家居用品、箱包、服饰、图书文娱和钟表/首饰等种类的运营者推广自己的产品，如图12-10所示。

图12-10　快手小店通支持类目

12.2.3　快手小店通的优势

快手小店通主要有4个优势，分别是精准性、全面性、确定性和放量性，关于这4个优势的具体解释与相互之间的关系，如图12-11所示。

图12-11　快手小店通的4个优势

1．精准性

快手小店通的精准性主要体现在以下3个方面。

（1）在人群自主定向上。运营者可按地域、兴趣、偏好等标签定向目标人群；标签维度精细，人群覆盖面广。

（2）在挖掘专属人群上。运营者可定向挖掘专属人群，支持过滤非目标客户，优化触达。

（3）在电商推广上。电商/小店数据互动及转化人群数据能反复使用；赋能广告主，效果更精准。

此外，快手小店通的精准性主要是由两大内容实现的。其一为基础定向，如年龄、地域、性别、兴趣定向人群标签等；其二为DMP（Data Management Platform，数据管理平台）人群管理，如用户数据、行业数据、品类数据等，如图12-12所示。

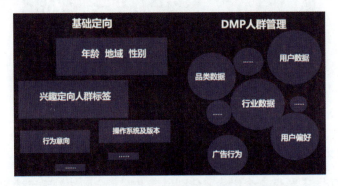

图12-12　快手小店通精准性的内容实现

快手小店通主要有两大重点功能，具体分析如下。

其一是购物意图。它由7大电商类目（服饰、美妆个护、珠宝玉石等；二级类目40多个，三级类目350多个）、两大意向目标（潜客拉新、转化提升两大目标人群）和两大行为类型（覆盖短视频、直播两大场景下的行为类型）构成。其功能主要有以下3个优势。

- 准确高效触达：涨粉、ROI等指标效果增长明显。
- 场景高度契合：融合视频、直播、商品前后链、数据贴合等电商营销场景。
- 精准目标达成：拉新、转化目标明确，可快速选择。

其二是快手网红。快手网红定向的作用是，可实现针对快手某类或者指定人群进行精准定向。其主要优势有以下3点。

- 高效互动行为。
- 精准网红圈定。
- 多类兴趣行业。

2．全面性

在达人涨粉、商品访问、订单支付和直播间人气等方面，快手小店通有一套成熟的方案，能为运营者优化广告效果，如图12-13所示。

3．确定性

运营者是不是还在担心启动期成本太高？担心账户不稳定会炸量？确定广告

新素材之后不敢测试？担心投资回报率低？只要运营者满足快手小店通的赔付规则，超过成本的部分将全部获得赔偿。

图12-13　快手小店通的全面性

4．放量性

为获得最佳的广告效果，快手小店通会将活动分为3个部分，具体如下。

（1）营销活动前期：活动前上传素材进行推广；小店通涨粉引流预热；人群定向测试找准目标客户。

（2）营销活动中期：活动期间适当放量；小店通涨粉推广+直播推广多维度引流；人群定向适当放开。

（3）营销活动后期：活动结束后定期直播加速粉丝沉淀；小店通定向推广流失粉丝召回。